CHANGEZ VOTRE VIE

Elizabeth Mapstone

CHANGEZ VOTRE VIE

UN PROGRAMME UNIQUE
POUR VIVRE PLEINEMENT VOS RÊVES

Publié précédemment au Royaume Uni sous le titre *Stop Dreaming, Start Living*.

Copyright © Elizabeth Mapstone, 2003

Traduction : France de Palma
Révision : Sophie Jaillot
Conception graphique et mise en pages : Folio infographie
Couverture : Folio infographie

Imprimé au Canada

ISBN 2-923351-28-2
Dépôt légal – 1er trimestre 2006
Bibliothèque nationale du Québec

© 2005 Éditions Caractère pour l'édition en langue française

Tous droits réservés. Toute reproduction, traduction ou adaptation en tout ou en partie, par quelque procédé que ce soit, est strictement interdite sans l'autorisation préalable de l'Éditeur.

À John, comme toujours, et à Michael,
Lise et Akita qui réussissent à réaliser leurs rêves

Remerciements

Je suis extrêmement reconnaissante envers tous ceux et celles qui m'ont donné la permission de les citer. Tel que promis, les personnes dont les citations sont reprises dans le corps du texte demeurent dans l'anomymat, mais elles savent qui elles sont.

J'ai aussi une dette envers de nombreuses autres personnes – collègues, clients et professeurs – qui m'ont tant appris au cours des années.

J'aimerais remercier tout particulièrement Jane Turnbull, une agente exceptionnelle, Julia Kellaway pour sa patience, et Amanda Hemmings, qui est revenue à l'édition à un moment très opportun.

PREMIER CHAPITRE

L'objectif de ce livre

Notre plus grande peur n'est pas d'être incapable.
Notre plus grande peur est d'être tout-puissant.
C'est notre lumière et non nos ténèbres qui nous effraie le plus.
Nous nous demandons : qui suis-je pour être brillant, beau, talentueux et fabuleux ?
Mais en fait, qui êtes-vous pour ne pas l'être ?
Vous êtes un enfant de Dieu.
Vous ne rendez pas justice à l'Univers en jouant petit.
Il n'est pas sage de minimiser votre potentiel pour que ceux qui vous entourent ne se sentent pas menacés par vous.
Nous sommes nés pour manifester la gloire de Dieu qui habite en nous.
Cette gloire n'est pas uniquement à l'intérieur de quelques personnes choisies, elle est en chacun de nous.
Et lorsque nous laissons notre lumière briller, nous donnons inconsciemment aux autres la permission de faire de même.
Quand nous nous libérons de notre propre peur, notre présence libère automatiquement les autres.

Nelson Mandela, *Discours d'inauguration, 1994*

Cité par Marianne Williamson, *A Return to Love : Reflections on the Principles of « A Course in Miracles »*.

Nous avons tous des moments au cours de nos vies où nous ne savons plus trop quoi faire. Nous avons l'impression d'être à la croisée des chemins et nous devons choisir de tourner à droite ou à gauche, ou bien de continuer tout droit. Nous savons que nous devons prendre une décision mais nous ne pouvons pas nous empêcher de craindre que ce ne soit pas la bonne.

À d'autres moments, nous nous sentons bloqués, emprisonnés par les attentes des autres et nous sommes alors incapables de voir la lumière au bout du tunnel. Ou nous nous sentons tout simplement enlisés dans les méandres de la vie, comme si nous étions dans un mauvais rêve et que la voiture de luxe que nous conduisions s'était transformée en charrette primitive, avec des roues s'enfonçant de plus en plus dans la boue pendant que les chevaux se démènent en vain pour nous sortir du bourbier.

Il se peut aussi que vous soyez parvenu à un endroit très agréable de votre voyage dans la vie. Pourquoi voudriez-vous aller plus loin? Et pourtant, vous sentez dans votre âme que cela ne suffit pas. Vous ne voulez pas passer toute votre vie en vacances, à ne jamais faire exactement ce que vous voudriez, à attendre… quelque chose dont vous n'êtes même pas certain.

Il est temps de prendre une décision. Vous vous sentez anxieux, peut-être excité mais aussi inquiet. Comment faire pour vous décider ? Ce livre vous sera précisément utile dans ces moments auxquels nous devons tous faire face lorsque nous savons que le moment est venu de prendre une décision.

Ce livre vous permettra d'apprendre à voir clairement ce que vous voulez, ce dont vous avez besoin, et à trouver le courage de choisir ce qui vous convient le mieux.

Vous vous dites peut-être : « J'aimerais prendre le contrôle de ma vie, mais seuls les gens exceptionnellement chanceux sont en mesure de faire cela. Les gens comme moi doivent se contenter de ce que le destin leur offre. » Il est vrai que la vie prend souvent l'apparence d'une loterie. Mais ne vous découragez pas et n'abandonnez pas maintenant, car vous pouvez vous aussi découvrir les secrets de la réussite. Ils ne dépendent pas de la chance : ils dépendent de vous.

Chacun de nous peut faire des choix. Tout au long de notre vie, de l'adolescence jusqu'à la vieillesse, nous sommes confrontés à des moments où nous devons prendre une décision. Quels que soient alors nos choix – que nous décidions d'agir de façon positive ou que nous préférions nous en tenir à ce que nous savons –, ils influencent notre bien-être, notre bonheur et celui des gens que nous aimons.

Vous aussi pouvez apprendre à faire le bon choix au bon moment, à découvrir comment croire et ne plus douter. Vous aussi pouvez vous évader de la prison que représentent les attentes des autres ; vous pouvez briser les barreaux des limites que vous vous imposez dans la vie et vous épanouir comme la personne que vous êtes vraiment. Vous pouvez cesser de rêver et commencer à vivre la vie qui *vous* convient.

Savoir comment choisir

Les occasions de changement apparaissent soudainement dans nos vies. Nous devons avoir le courage de les reconnaître et de plonger. Nous ne sommes pas prisonniers pour toujours des choix que nous avons faits. Croyez-le ou non, il est même réaliste de songer à transformer sa vie tous les dix ans.

Mais, bien souvent, nous ne savons pas comment faire, alors nous tombons dans la routine et nous en tenons au terrain connu. Jusqu'au jour où nous nous réveillons pour nous apercevoir que notre jeunesse est passée, notre quarantaine aussi, et que nous ne savons pas trop ce que nous avons fait de notre vie.

Pensez-y…

Vers l'âge de 15 ou 16 ans, on vous demande de décider de ce que vous voulez faire de votre avenir. Allez-vous quitter l'école ou poursuivre des études supérieures ? Quels domaines allez-vous étudier ? Voulez-vous entrer à l'université ? Quels sont vos plans de carrière ?

Pour les gens qui n'ont pas de talents particuliers et immédiatement admissibles par tous – et c'est le cas de la plupart d'entre nous –, ceci est le début d'un combat à vie avec cette pensée : « *Mon Dieu, je dois décider de ce que je veux faire du restant de ma vie ! Comment est-ce possible quand je ne sais même pas ce que je veux faire la semaine prochaine ?* »

Comment, en effet ? Pourquoi un choix que vous avez fait à 15 ans, ou même à 21 ans, *devrait*-il dicter votre conduite pour le restant de votre vie ? Cela ne devrait pas être obligatoirement le cas.

Vous avez peut-être quitté l'école dès que vous en avez été capable parce que vous détestiez être un élève et que vous vouliez commencer à gagner de l'argent. Et vous regrettez peut-être maintenant l'enseignement que vous n'avez jamais eu. Mais il n'est pas trop tard, si c'est ce que vous voulez vraiment. Plusieurs personnes retournent étudier à l'âge adulte – c'est d'ailleurs la raison pour laquelle les cours du soir et les formations universitaires continues ont été créés.

Puis surgissent les problèmes pour se trouver un emploi et un endroit où habiter, pour payer les factures et « jouir de la vie », comme le suggèrent les publicités dans les magazines, les journaux ou à la télévision. Vous allez peut-être tomber amoureux et vous demander si c'est le « grand amour ». Certains d'entre vous décideront de se marier et d'avoir des enfants.

Pour la plupart des gens, la décision de se marier est un grand moment où l'on décide vraiment librement et en pleine connaissance de cause. Ceux-là désirent plus que tout s'unir à cette personne si spéciale. Ils ne se soucient pas de ce que les autres disent ou pensent parce qu'ils savent qu'ils prennent la bonne décision.

Puis la vie continue, prend de plus en plus de place, et cette délicieuse sensation de liberté de choisir est engloutie dans les combats quotidiens que nous menons pour survivre.

Ce livre vous apprendra comment redécouvrir cette liberté de choix.

Il se pourrait par contre que vous n'ayez jamais fait l'expérience d'une telle liberté. Il est vrai que certaines personnes se « retrouvent » mariées en ayant suivi le courant, parce que c'est plus facile ainsi. Vous n'avez peut-être jamais osé choisir pour vous-même, préférant faire ce que les autres vous disent de faire, parce que vous ne vous êtes jamais senti assez fort ou digne pour prendre vos propres désirs et souhaits au sérieux.

Vous avez maintenant la chance de réfléchir sérieusement à ce que vous aimeriez faire de votre vie. Vous avez la chance d'écouter votre être intérieur, de renouer avec votre moi secret et de goûter à la saveur de vos véritables pensées. Découvrez cette merveilleuse sensation de liberté lorsque vous faites un choix si vous n'en avez jamais fait l'expérience auparavant. Et apprenez à choisir ce qui *vous* convient le mieux lorsque les occasions de changement surviennent.

Comment j'ai conçu ce programme

Je sais qu'il est possible d'accomplir ce dont je viens de vous parler parce que j'ai moi-même essayé ce programme – et à plusieurs reprises !

Pendant plusieurs années, j'ai eu un rêve. Quand j'étais petite, je voulais devenir médecin. Mais mon père n'était pas d'accord avec l'idée que les filles suivent des études supérieures (nous étions dans les années cinquante), alors j'ai quitté la maison aussitôt qu'il m'a été possible de le faire. Je suis partie au Canada, où je suis devenue journaliste. Puis j'ai découvert la psychologie.

Ce fut le début d'une relation amoureuse pour la vie. J'ai lu de façon vorace, j'ai suivi des cours dans différentes universités, j'ai assisté à des séminaires et j'ai finalement entrepris une analyse de formation pour devenir psychanalyste jungienne (à cette époque, j'avais déménagé en Belgique). Mais pendant tout ce temps, j'avais le désir secret de suivre à plein temps un programme complet à l'université, en vue d'obtenir un diplôme en sciences – pas en médecine, mais en psychologie – parce que je voulais connaître les véritables bases scientifiques des diverses théories sur l'esprit humain. Ce n'est qu'à l'âge de 44 ans, lorsque mon plus jeune enfant fut entré à l'École des beaux-arts, que j'ai pu réussir à transformer ce rêve en réalité en m'inscrivant comme étudiante adulte en psychologie expérimentale à l'université d'Oxford.

Ces longues années d'études m'ont été énormément utiles. Au lieu d'être restreinte à une seule école de pensée, j'ai commencé à comprendre comment les diverses approches psychologiques se complétaient et j'ai alors pu acquérir une bien meilleure compréhension de l'esprit humain. Et c'est ainsi que j'en suis venue à concevoir ce programme simple mais révolutionnaire pour aider les gens à s'aider eux-mêmes.

La plupart des méthodes de croissance personnelle reposent sur l'incitation, obtenant de l'individu qu'il « s'engage » envers lui-même ou encore (ce qui, d'après moi, est une erreur) envers leur auteur. Au début, ces méthodes semblent bien fonctionner parce que l'espoir instille un afflux d'adrénaline et parce que les mots de l'auteur rehaussent l'estime du lecteur, qui croit sincèrement qu'il peut s'améliorer. Hélas, l'adrénaline et l'espoir ne suffisent pas. C'est comme prendre de l'aspirine ou un somnifère : vous vous sentez mieux, mais la cause du problème est toujours là.

Ma méthode peut sembler facile, mais ces exercices simples permettent à l'individu d'exploiter des profondeurs dissimulées, tout comme on le ferait lors d'une consultation chez le psychothérapeute. J'ai adapté plusieurs techniques de psychothérapie afin que chaque individu puisse directement faire face à ces démons cachés qui l'empêchent de vivre sa vie pleinement. Cette méthode est également inoffensive et certainement préférable aux recommandations d'un conseiller à la formation douteuse, parce que vous travaillez à votre propre rythme. Si vous n'êtes pas prêt à affronter un traumatisme douloureux du passé, vous pourrez constater qu'il existe et ensuite le laisser de côté jusqu'à ce que vous ayez le courage d'affronter votre propre vérité. (Vous constaterez qu'il est bon de laisser la lumière éclairer vos peurs sombres parce qu'elles ont plus d'emprise sur vous dans le noir – et que le simple fait de les mettre au jour suffit parfois à les dissiper.) Ce programme est basé sur diverses approches, il comprend des techniques empruntées et adaptées de nouvelles thérapies comme la « thérapie vocale », la thérapie cognitive, la « thérapie de l'humeur » de Beck ou la thérapie rogérienne « centrée sur le client », et il utilise de nombreuses notions de psychologie expérimentale.

Voilà comment j'en suis venue à concevoir ce programme de planification de vie. Chaque fois que je me trouvais à la croisée des chemins ou que je me sentais frustrée et bloquée, sentant que je n'allais nulle part, chaque fois que j'avais l'impression de ne pas savoir quel choix faire, me demandant si je devais abandonner mes rêves parce qu'ils semblaient irréalisables, chaque fois j'ai travaillé avec ce programme, le modifiant au gré de mes connaissances de plus en plus poussées en psychologie. Et j'ai trouvé mes réponses.

Les solutions à mes problèmes se trouvaient toujours à l'intérieur de moi-même.

Tout comme les réponses et les solutions à vos propres dilemmes et conflits sont à l'intérieur de vous. La difficulté étant de savoir comment les trouver.

Mettre l'emphase sur vous

Certaines personnes pourront penser que les exercices de ce livre encouragent à être égoïste. Il *est* certain que nous ne pouvons pas toujours choisir de faire ce qui nous convient le mieux lorsque cela fait du mal aux autres. Cependant, les exercices que je vais vous décrire exigent que vous preniez en considération tous ceux et celles qui seront affectés par vos décisions.

Le vrai problème auquel la plupart des gens doivent faire face n'est pas d'être trop égoïste. C'est de ne pas l'être suffisamment.

Les gens égoïstes n'ont pas besoin d'un livre comme celui-ci parce qu'ils tiennent pour acquis que ce qu'*ils* veulent est ce qui leur convient le mieux. Et s'ils changent d'idée, ils ne se préoccupent pas plus des conséquences, du fait que les autres ramassent les pots cassés pendant qu'eux vont de l'avant et mènent leur vie. Ce livre ne s'adresse pas à eux. Ils n'auraient pas envie de le lire de toute façon.

Il existe toutefois une exception. Si vous venez d'une famille aisée, vous avez peut-être eu moins de choix difficiles à faire parce que vous avez plus de possibilités qui vous sont offertes. Vous voulez une voiture, vous en achetez une. Vous changez d'idée et vous en voulez une autre : pas de problème. Vous voulez un bateau, vous voulez voyager, étudier, laisser tomber l'école : rien n'est important, parce que l'argent peut régler à peu près tous les types de problèmes. Ce qui rend les gens très égoïstes et, très souvent, extrêmement malheureux. Le fait de tourner en rond à la recherche de la prochaine émotion forte qui permette de se sentir en vie n'est qu'un autre moyen de ne pas affronter qui *vous* êtes et ce que – dans les profondeurs de votre âme – vous exigez vraiment de vous-même.

Nous avons tous besoin de temps pour communiquer avec nous-mêmes, pour nous mettre au centre de la scène, sous les feux des projecteurs. Nous devons apprendre à reconnaître qui nous sommes et ce dont nous avons véritablement besoin pour être une personne à part entière.

Il s'agit de votre vie, cher lecteur. Ainsi, chaque fois que vous faites un choix – et vous faites des choix tous les jours –, assurez-vous de mettre aussi vos propres besoins et désirs dans la balance.

Ce livre requiert que vous ayez le courage de vous concentrer sur *vous*. Si vous vous sentez égoïste, vous devrez aussi réfléchir à cette émotion. Et si vous devez penser aux autres, demandez-vous de quelle façon vous aimeriez qu'ils se comportent envers vous pour que vous puissiez être heureux.

Synchronicité

Un fait psychologique extraordinaire est que lorsque nous sommes honnêtes avec nous-mêmes à notre propre sujet et que nous envisageons clairement nos besoins et nos désirs les choses arrivent de façon à ce qu'il nous soit possible de choisir ce qui nous convient le mieux. Ce phénomène se nomme la *synchronicité*.

La synchronicité requiert vérité, sincérité et franchise dans nos pensées intérieures et que nous trouvions aussi un équilibre intérieur entre nos qualités et nos défauts. Nous découvrons alors que nous pouvons ne faire qu'un avec nous-mêmes et avec l'univers. C'est ce que les spirituels orientaux appellent « être dans le Tao », et que le poète T. S. Eliot décrit comme « le point immobile d'un monde en mouvement* ». Je considère cet état comme un accord complet, comme un instrument à cordes prêt à jouer de la musique : un moment glorieux où vous ne faites qu'un avec l'univers. Cet état ne peut durer qu'un moment, mais pendant ce bref intermède nous sommes en équilibre. Et c'est à ce moment que les événements de nos vies semblent être en harmonie les uns avec les autres.

Pour ceux qui sont moins spirituels et plus ambitieux, Shakespeare l'expliqua aussi de cette façon : « Il y a dans les affaires humaines une marée montante ; qu'on la saisisse au passage : elle mène à la fortune**. »

Ceux qui pratiquent le surf reconnaîtront l'incroyable sensation ressentie lorsqu'ils prennent une vague bien gonflée au bon moment et que la puissance de la mer les pousse vers l'avant.

Pour acquérir un équilibre, nous devons être honnêtes avec nous-mêmes et les techniques directes que je décris dans ce livre peuvent aider quiconque souhaite l'être. Ces exercices simples vous aideront à faire le point, à clarifier vos peurs et à ouvrir la voie aux possibilités. Ils vous offrent l'occasion de découvrir ce que vous voulez vraiment à cette étape-ci de votre vie. Vous seul avez les réponses.

---

* « Burnt Norton », *Four Quartets*, ligne 62.
** *Jules César*, Acte VI, Scène 3. Traduction de François-Victor Hugo.

Ce livre pourrait être considéré comme un guide du voyageur pour votre trajet à travers la vie. Il vous aidera à évaluer où vous en êtes en ce moment, si vous aimez la direction vers laquelle vous vous dirigez ou si vous préféreriez aller ailleurs. Il vous fournira des renseignements importants que vous ne retrouverez nulle part ailleurs sur la façon de faire face aux difficultés majeures et les dangers qui vous guettent sur votre route. Vous obtiendrez une carte routière qui vous guidera à travers la «vallée des ombres», et vous apprendrez comment affronter vos démons personnels de façon à ce qu'ils ne vous empêchent plus de réaliser vos rêves. Vous découvrirez vos aptitudes personnelles et la façon pour vous de les utiliser à leur plein potentiel. Vous développerez vos propres compétences en cartographie et tracerez votre propre chemin vers votre réalisation. En utilisant les techniques simples de ce livre, vous trouverez véritablement le moyen de cesser de rêver et de commencer à vivre.

DEUXIÈME CHAPITRE

Comment utiliser ce livre

Chaque chapitre présente un ou plusieurs exercices simples à effectuer avec un papier et un crayon. Il serait préférable de les compléter avant de vous rendre à la discussion qui suit chaque section.

Même si ces exercices sont relativement faciles, personne ne les effectue de la même façon. C'est pourquoi dans chaque section j'ai donné des exemples de réponses de gens ayant suivi le programme de planification de vie avec moi (leurs noms ont été changés pour respecter leur vie privée – voir la section Présentation des participants, à la page 25). Certaines personnes trouvent utile de comparer leurs réponses avec celles des autres. Ceci a pour effet de stimuler de nouvelles idées et de créer de nouvelles ouvertures d'esprit. Comme il peut aussi être utile de discuter de chaque exercice avec quelqu'un, vous voudrez peut-être approfondir ces exercices avec un ou une ami(e).

Vous préférez peut-être feuilleter d'abord le livre pour mieux comprendre de quoi il s'agit avant de vous lancer dans les exercices, ce qui est bien. Mais vous pouvez si vous le voulez commencer immédiatement par les exercices. Faites ce qui vous convient le mieux.

Un avertissement !

Ces exercices peuvent paraître simples, mais ils ont un potentiel extraordinaire. Je vous conseille de garder en tête les deux points suivants :

1. **Vous devriez faire chaque exercice *dans l'ordre donné* et *noter vos réponses.***

Certaines personnes ne se donnent pas la peine d'écrire leurs réponses, s'imaginant qu'en faisant les exercices dans leur tête le résultat sera le même. Ce n'est pas le cas. Croyez-moi, je l'ai moi-même essayé – et je connais mieux ces exercices que l'intérieur de mon frigo ! Si vous ne faites que *penser* à vos réponses, vous ne pourrez jamais confronter ce que vous pensez vraiment sur vous-même et sur votre vie. Vous ne vous surprendrez jamais et n'irez jamais de l'avant.

C'est pourquoi, si vous voulez profiter au maximum de ces exercices faciles, prenez le temps d'écrire ce qui vous vient en tête. Gardez vos réponses pour y faire référence plus tard – il serait alors peut-être préférable de les conserver loin des regards indiscrets. Je vous recommande d'utiliser une chemise pour y classer tous vos papiers et une pile de feuilles de papier ou un bloc-notes : vous pourrez ainsi répondre à chaque question sur une feuille séparée. Inscrivez sur chacune le titre de l'exercice et la date. Vous serez ainsi en mesure de revenir en arrière, de voir où vous étiez et ce que vous pensiez au moment où vous avez fait ces exercices.

2. **Une fois que vous aurez commencé, et surtout lorsque vous serez arrivé au chapitre 4, il serait vraiment préférable de poursuivre jusqu'à la fin du livre.** *Si vous vous arrêtez en plein milieu, vous vous sentirez plus déprimé et incertain de la direction à prendre... ce qui n'est pas une bonne idée.*

Comme vous le constaterez, il est essentiel d'examiner les raisons qui vous empêchent de réaliser vos rêves. Mais si vous vous arrêtez à cette étape, vous vous direz peut-être : « Mais qu'est-ce que je fais à perdre mon temps avec ces stupidités ? », parce que c'est exactement ce que vos démons intérieurs veulent que vous pensiez. Vous n'aurez pas bénéficié de l'expérience douloureuse de rencontrer les démons qui siègent dans votre tête.

La plupart des livres de croissance personnelle semblent présumer qu'en vous poussant vers la réussite, vous vous sentirez mieux et vous y parviendrez. Je sais pertinemment, par contre, grâce à des années d'expérience, que les encouragements peuvent rehausser votre humeur et vous projeter dans l'action, mais que l'effet est de courte durée. Si vous voulez vraiment réussir, vous devez savoir ce que vos démons intérieurs vous disent dans le calme de la nuit. Vous devez découvrir de quelle façon ils vous empêchent de réaliser vos propres ambitions. Il vous faut ensuite apprendre les techniques efficaces pour vous débarrasser d'eux pour de bon. Dans le chapitre 10, vous verrez qu'une personne qui permet à ses démons intérieurs de détruire les occasions lui permettant de les affronter finit par ne plus pouvoir se débarrasser de leur poison insidieux et destructeur.

Je vous suggère donc de continuer jusqu'à la fin. Si vous avez le courage de faire face à vos démons et de les prendre pour ce qu'ils sont vraiment, vous verrez comment les sensations d'inconfort, de douleur et même d'agonie valaient la peine. Vous découvrirez comment ne pas laisser vos peurs et vos idées fausses vous empêcher de réaliser vos rêves.

Si vous ne vous laissez pas interrompre, il est possible d'effectuer tous les exercices en une journée. Cependant, cela ne vous laisse pas beaucoup de temps pour absorber les discussions de chaque chapitre et réfléchir. La meilleure chose à faire est de consacrer un week-end entier à ne penser qu'à *vous*.

La dernière fois que j'ai fait ces exercices, je suis partie cinq jours, seule, dans mon endroit préféré : les îles Scilly. J'ai emporté du papier et des crayons et, les exercices placés dans l'ordre dans lequel ils doivent être faits, j'ai passé chaque journée à marcher, à réfléchir et à faire les exercices dans une orgie de concentration sur *moi*. Les changements que j'envisageais apporter étaient si importants et pouvaient avoir de telles conséquences que je devais être certaine d'avoir donné à mon moi intérieur l'occasion d'exprimer ses vrais besoins.

Je fais encore ces exercices à l'occasion, lorsque des changements viennent affecter ma vie. Même si je connais à fond ces techniques simples et que je les ai utilisées avec de nombreux clients, je suis toujours surprise de constater ce qu'elles peuvent encore me révéler. Vous constaterez vous aussi qu'elles vous accompagneront tout au long de votre vie.

Présentation des participants

Je vous présente ici quelques personnes qui ont effectué ce programme de planification de vie et dont les réponses à une ou plusieurs questions apparaissent à certains endroits du livre. Tous ces gens sont de vrais participants, mais leur identité et leur situation de vie ont été modifiées. Comme vous le verrez, certains ont choisi de suivre le programme parce qu'ils se sentaient tristes, déprimés et ne savaient pas comment se sortir de l'état misérable dans lequel ils étaient. Vous constaterez peut-être que le simple fait de lire leur histoire vous donnera un autre aperçu de votre propre vie.

Certains d'entre eux n'ont entrepris le programme que tout récemment et nous ne pouvons donc connaître que les espoirs avec lesquels ils sont repartis. D'autres sont aujourd'hui plus âgés et nous verrons à la fin du livre que beaucoup ont réussi à transformer leur vie. Les voici donc, par ordre d'âge :

Marc n'avait que 13 ans et détestait l'école. Il avait des problèmes avec ses parents et ses professeurs parce qu'il refusait d'étudier. Il avait de la difficulté à dormir et rien ne l'intéressait, sauf jouer à des jeux sur son ordinateur durant la nuit.

Anne avait 14 ans et elle aussi détestait l'école. Elle se trouvait grosse et laide, et elle était continuellement malheureuse. Ses parents étaient aux prises avec un divorce difficile.

Jeanne avait 18 ans et étudiait le français et l'allemand à l'université. Elle avait du talent pour les langues, mais « détestait les cours ». Elle ne voulait pas être à l'université, mais continuait à étudier pour faire plaisir à sa mère.

Nathalie avait 27 ans, elle était mère monoparentale de deux enfants, un garçon et une fille. Elle avait l'impression de ne « jamais pouvoir prendre de décisions » et que les autres la considéraient de façon condescendante à cause de sa situation. Mais lorsqu'une amie lui offrit de garder ses enfants afin qu'elle puisse assister à une journée de planification de vie, elle se dit qu'elle ne pouvait pas laisser passer l'occasion.

Célia avait 29 ans et elle était aussi mère monoparentale d'un garçon de deux ans, même si elle espérait toujours épouser le père qui « aidait de temps en temps ». Elle avait beaucoup voyagé, mais vivait maintenant dans un appartement lugubre au cœur d'un quartier de revendeurs de drogue. Elle cherchait un moyen de s'évader.

Diane avait 33 ans et était mère de deux enfants de 10 et 12 ans. Elle rêvait de devenir artiste peintre, mais se sentait anxieuse et coupable d'avoir quitté son travail et de dépendre maintenant complètement de son mari.

Irène, qui avait aussi 33 ans, divorcée et récemment remariée, était mère de deux enfants âgés de 8 et 5 ans. Elle sentait qu'il était temps qu'elle « reprenne un peu le contrôle » de sa vie, mais avait peur de faire les mauvais choix.

Bernard avait 34 ans et travaillait comme cadre dans une grande entreprise internationale. Il était fier de sa réussite et d'être arrivé à sortir de son milieu ouvrier. Il venait d'être promu à un poste important et devait déménager aux États-Unis. Il souhait épouser sa copine mais ne lui avait pas encore fait sa demande.

France avait aussi 34 ans et travaillait dans une galerie d'art. Elle voulait « découvrir ce qu'elle voulait faire qu'elle ne savait pas. »

Thérèse avait 35 ans et enseignait au collège. Elle se disait très curieuse et ouverte à de nouvelles idées. Nous avons découvert qu'elle était à une étape cruciale de sa vie.

Rose n'avait que 40 ans (« un âge important et angoissant »), mais elle était veuve et seul soutien de famille pour ses trois enfants. Elle désirait que sa vie soit moins stressante, mais elle ne savait pas comment s'y prendre.

Estelle, une autre femme de 40 ans, avait déjà travaillé comme employée de banque. Elle était mariée pour la deuxième fois et avait un jeune enfant. Elle disait s'être toujours fiée aux autres pour son bonheur, et elle avait décidé qu'il était temps qu'elle apprenne à être heureuse par elle-même.

Lynne avait 45 ans, travaillait comme cadre supérieur dans une grande entreprise, et était mère de deux enfants. Elle disait savoir ce qu'elle voulait faire, mais était incapable de concilier cela avec ce qu'elle croyait *devoir* faire.

Dorothée avait 47 ans et disait : « J'ai une vie très compliquée avec des gens qui s'appuient sur moi. » Elle suffoquait et voulait s'occuper d'elle-même. Elle avait écrit un livre, la seule chose dont elle était fière, et voulait avoir plus de temps pour écrire.

Martin ne voulait pas révéler son âge, mais il était probablement dans la cinquantaine. Nous avons découvert qu'il était très préoccupé par le fait de vieillir et de se retrouver éventuellement sans soutien. Il disait avoir soif de connaissances et voulait découvrir comment « bien passer les prochaines 30 à 40 années » de sa vie.

Barbara avait 59 ans et était « épouse, mère et grand-mère ». Elle travaillait comme avocate et considérait sa journée de planification de vie comme un acte de « pur égoïsme ». Mais elle se sentait mélancolique, même si elle ne savait pas pourquoi.

Élisabeth, 63 ans, mariée, mère de trois enfants et grand-mère de cinq, était une psychologue agréée et une auteur frustrée*.

Thomas avait 75 ans et était fier de son âge car il avait « entrepris une troisième carrière ». Il disait vouloir profiter pleinement des années restantes et ressentait la pression de devoir faire tant de choses et de ne plus avoir l'énergie pour les faire.

Vous constaterez que la majorité des gens que je décris ici sont des femmes. Même si ces exemples ont été choisis de façon arbitraire parmi le petit groupe de gens à qui j'ai demandé la permission de les citer, ces données reflètent néanmoins la réalité. Il est vrai que la plupart des participants aux programmes de planification de vie ont été des femmes, même s'il n'y a aucune raison pour que les hommes ne puissent pas les apprécier et en bénéficier tout autant.

L'âge est aussi un facteur intrigant et vous remarquerez des différences selon les sexes. Même si nous pouvons nous retrouver à la croisée des chemins à n'importe quel âge, nous

---

* Au moment où j'écris ces lignes, j'ai 64 ans. Je suis une psychologue qui a modérément réussi en pratique privée, mais je suis secrètement frustrée parce que je veux écrire des livres. C'est ainsi que l'été dernier, je me suis forcée à faire tous ces exercices. C'est grâce à ce que j'ai découvert que j'ai pu réduire mon counselling individuel et le nombre de thérapies que je donnais, refuser de nouveaux clients et me concentrer sur l'écriture. Ce livre est le premier qui ait été écrit suite à cette décision, alors j'espère qu'il vous plaira.

rencontrerons ici des hommes désirant prendre des décisions pour transformer leur vie, mais qui sont aux antipodes : l'un est un adolescent alors que deux autres refusent d'accepter le fait qu'ils sont vieux. La seule exception étant ce jeune adulte qui fait face à deux décisions majeures de changement de vie au même moment : déménager dans un autre pays et se marier. Je crois que cette tendance est due au fait que, jusqu'à récemment, les hommes devaient décider d'une carrière et s'en tenir ensuite à leur décision. Dernièrement, j'ai reçu plusieurs hommes dans la trentaine et la quarantaine voulant faire des changements et se demandant s'ils oseraient. Aucun n'a accepté d'être cité – autre différence entre les sexes.

Sauf *Patrick* qui a 42 ans. Entrepreneur qui a réussi, il est père de quatre enfants. Patrick tenait absolument à ce que *personne* ne sache qu'il était venu me voir. Il était tellement désespéré par l'état de sa vie qu'il avait pris son courage à deux mains pour venir chercher de l'aide. Il a effectué le programme de planification de vie en session individuelle et ne voulait pas me permettre d'écrire ce qu'il avait découvert durant son cheminement. Mais, trois ans plus tard, après avoir non seulement découvert ce dont il avait besoin mais agi en conséquence, il ne se souciait plus de ce que les gens pouvaient penser : le programme lui avait sauvé la vie. C'est ainsi que vous rencontrerez Patrick dans le dernier chapitre et saurez ce qui lui est arrivé. Les hommes semblent beaucoup plus réticents que les femmes à reconnaître le besoin de regarder notre propre psyché.

La vie des femmes est souvent plus fluide, probablement parce qu'elles essaient la plupart du temps de concilier famille et carrière. Et nous constaterons que les femmes entre 30 et

50 ans se questionnent souvent sur le fait de savoir si elles « auront vécu » la vie dont elles rêvent. La quarantaine est une période particulièrement importante pour les femmes qui ont choisi de consacrer leurs jeunes années à leurs enfants et à leur famille : lorsque les enfants grandissent et quittent la maison, plusieurs trouvent qu'il est désormais grand temps de penser à elles.

Nous avons des exemples de gens de tous les groupes d'âge. En fait, si vous n'êtes pas heureux avec ce que vous avez, il n'y a pas d'âge pour vous dire : « Je suis coincé, je suis incapable de changer les choses. »

Quelles que soient les raisons qui vous poussent à lire ce livre, les techniques que vous trouverez dans les chapitres qui suivent peuvent vous aider à n'importe quel stade de votre vie.

TROISIÈME CHAPITRE

Rencontre avec vous-même

Lorsque nous naissons, nous sommes des originaux, et lorsque nous mourons nous ne sommes plus que des copies.

Sören Kierkegaard

Nous sommes tous des individus avec des talents spéciaux et des aptitudes personnelles. Cependant, à partir du moment où nous nous retrouvons bébé dans les bras de notre mère, tous les aspects de notre vie nous persuadent que nous devons apprendre à être comme tout le monde. Ce qui peut s'avérer difficile, parce que nous ne sommes pas comme tout le monde. Nous sommes différents les uns des autres. Lorsque nous naissons, *nous sommes des originaux.*

La société requiert que nous nous conformions jusqu'à un certain point à des modèles afin que nous puissions vivre ensemble en harmonie. La socialisation est le processus de transformation par lequel l'enfant individualiste et braillard devient un adulte civilisé, et ce processus est essentiel pour que notre société soit pacifiste et sécuritaire. Nous sommes tous conscients des dangers et des désagréments que causent les gens égoïstes qui refusent d'observer les règlements et prennent ce qu'ils veulent sans égard pour les autres. Mais être civilisé ne signifie pas nécessairement être un clone. Le mieux étant d'apprendre à vivre de façon pacifiste en société et de demeurer – ou même de vous permettre de devenir – votre propre être spécial.

Quel impact la socialisation a-t-elle eu sur *vous*? Les exercices de ce chapitre vous aideront à découvrir comment vous vivez l'expérience de qui vous êtes. Comment vous vous percevez, ce que vous pensez de vous et comment vous vous jugez ; comment vous vous sentez à l'intérieur de vous-même, si vous avez une certaine saveur et sentez bon – tous ces facteurs déterminant de quelle façon vous vivez votre vie. Vous aurez à examiner vos pensées envers vous-même, à évaluer vos bons et vos mauvais côtés, à écouter ce que les voix de votre pensée disent sur vous et à découvrir comment vous vous sentez dans votre propre peau.

Veuillez noter que ce chapitre n'est pas l'un de ces tests de personnalité que l'on trouve dans les magazines féminins. Le genre de questionnaire auquel vous répondez par (a), (b) ou (c) et où, après 10 questions, l'expert est en mesure de vous révéler qui vous êtes. Ce genre de test peut-être amusant, mais il n'est ni très réaliste ni d'une grande utilité. Ce qui, par contre, peut vous être utile, c'est de concentrer toute votre attention sur vous afin de découvrir ce que vous voyez, ce que vous pensez et éprouvez vraiment vis-à-vis de la personne que vous êtes.

Plusieurs d'entre nous sont très intuitifs lorsqu'il s'agit de percevoir ce que les autres ressentent et ce dont ils ont besoin, mais nous ne sommes pas toujours aussi bien en contact avec nos propres émotions. Ce qui ne veut pas dire que nous ne réagissons pas. Certains d'entre nous peuvent crier, hurler ou pleurer, être furieux, frustrés ou misérables. Mais nous ne savons pas toujours comment utiliser nos sentiments, nos émotions, notre colère et notre détresse pour nous aider à prendre de bonnes décisions pour notre vie. Ce chapitre n'est que la première étape de cette démarche destinée à trouver qui vous êtes vraiment.

Ne sautez pas ce chapitre. Il est crucial. Dans la suite du livre, vous essaierez d'évaluer ce que vous voulez vraiment et ce qui vous empêche de réaliser vos rêves. Mais vous aimez-vous ? Croyez-vous être le genre de personne qui *a droit* à une vie heureuse et bien remplie ? C'est ce que nous allons voir.

EXERCICE 1
Qui êtes-vous ?

Faites une liste d'au moins 10 traits de votre personnalité. Inscrivez-en autant que vous le désirez. Maintenant examinez votre liste.

Nathalie mentionna que le premier mot qui lui vint en tête était « stupide », mais elle le biffa parce qu'elle savait qu'elle n'était pas vraiment stupide – *il s'agissait plutôt de la façon dont elle croyait que les autres la percevaient*, ce qui est une découverte importante. Plusieurs d'entre nous se sentent paralysés par les critiques des autres, emprisonnés par leurs attentes, incapables de se sortir du piège consistant à croire que ce que les autres pensent devrait être plus important que tout.

Estelle fut incapable de trouver 10 qualificatifs. Elle écrivit « gentille, en santé, propre » puis elle s'arrêta : elle mettait l'emphase sur les attributs que les autres percevaient d'elle. La même chose se produisit pour Lynne, mais sa liste portait davantage sur ses relations et ses rôles de mère, d'épouse, de fille et de femme d'affaires.

La plupart des gens pensent d'abord à la façon dont les autres les perçoivent – que ce soit dans leur métier, dans leurs comportements ou dans leurs relations. Et les choses qu'ils énumèrent en premier sont souvent significatives de leur relation avec les gens en général.

Il est profitable de dépasser ces pensées et d'envisager d'autres possibilités. Il existe plusieurs façons de vous décrire. Avez-vous songé à vos :

- Rôles
- Habiletés
- Qualités
- Relations
- Expériences
- Caractéristiques physiques
- Façon dont vous dirigez votre attention et vos énergies
- Façon donc vous évaluez vos expériences

Y a-t-il d'autres points que vous voulez ajouter à votre liste ? Le fait de réfléchir à tous les aspects de votre vie peut vous aider à voir si vous avez oublié de noter quelque chose de si fondamental que vous n'avez pas pensé à le mentionner.

Il est préférable de ne pas modifier votre liste en fonction des perceptions de quelqu'un d'autre, alors ne faites aucun changement simplement parce que vous pensez que vous le *devriez*. Souvenez-vous qu'il n'est question que de la façon dont vous vous percevez, de l'expérience d'être vous et de ce que vous éprouvez au fond de vous. Assurez-vous donc d'inclure des éléments qui reflètent les aspects importants de vous envers *vous*.

EXERCICE 2
Faire votre autoportrait
À partir de la liste que vous avez dressée dans l'exercice 1, choisissez les 10 descriptions les plus significatives de votre personnalité.
Mettez-les par ordre d'importance.

Cet exercice vous donnera un bon aperçu de ce que vous considérez comme constitutif de qui *vous* êtes. En faisant cet exercice, vous voudrez peut-être modifier votre liste originale. Allez-y. Plus vous analyserez, plus vous découvrirez ce qui est réellement important et essentiel chez qui vous êtes. Vous réalisez votre autoportrait avec des mots.

Lorsque vous serez satisfait d'avoir réuni tous les aspects les plus importants de la personne que vous êtes, il sera alors temps d'examiner votre autoportrait de façon différente.

Aimez-vous la personne que vous êtes ?
Aimez-vous la personne que vous êtes ? Les qualités que vous avez énumérées sont-elles bonnes – ou mauvaises ? Jetez un coup d'œil sur la liste d'Anne :

Anne, **14 ans**
Trop grosse
Sans volonté

Étudiante
Ordinaire
Paresseuse
Méchante avec les gens que je n'aime pas
Menteuse
Grande gueule

Cette pauvre Anne ne semble pas aimer grand-chose d'elle. Malheureusement, plusieurs adolescentes sont aux prises avec une image dévastatrice d'elles-mêmes. Les psychologues américains et britanniques ont découvert qu'une haute estime de soi est monnaie courante chez les filles de 9 ou 10 ans, mais que lorsqu'elles arrivent à l'adolescence leur estime d'elles-mêmes semble se détériorer. Il s'agit d'un problème social sérieux et d'un fardeau psychologique douloureux pour bon nombre de jeunes filles. Alors si vous êtes une adolescente et que vous avez produit un autoportrait semblable à celui d'Anne, dites-vous qu'au moins vous êtes comme toutes les autres.

Cependant, si votre liste est constituée principalement de critiques et de défauts, prenez un moment pour vous demander si ce portrait déprimant représente tout ce qu'il y a en vous. N'avez-vous pas *quelques* qualités?

Bien sûr que oui. Du courage, par exemple, parce que sinon vous ne seriez pas en train de faire cet exercice et d'avoir ce sentiment valable que vous pouvez réaliser des changements dans votre vie. Alors, pendant la suite des exercices, soyez attentif au fait que vous avez un critique acerbe assis sur votre épaule, qui vous empoisonne avec ses remarques négatives. Vous découvrirez plus tard dans ce livre les moyens de déloger ce critique mesquin pour pouvoir enfin apprécier qui vous êtes.

L'importance de ces aspects

Plusieurs personnes constatent que leur liste réunit des rôles sociaux (p. ex. infirmière, enseignant), des relations (p. ex. mari, mère, amant) ainsi que des descriptions de la façon dont les autres les perçoivent (p. ex. gentil, critiqueur). Demandez-vous pourquoi ces différents aspects ont une importance pour vous. Il se pourrait que ce soit parce que la plupart d'entre eux contribuent à ce que votre vie vaille la peine d'être vécue.

Par contre, il se pourrait que vous essayiez de vous fondre dans un moule social qui ne vous convient pas. Jeanne, par exemple, a passé la plus grande partie de sa vie à l'étranger et détestait ne pas se sentir inclue ou adaptée à son milieu. « J'aime bien m'entendre avec les gens », disait-elle. Chaque point de sa liste (*femme, étudiante, Britannique, célibataire, sœur*) la décrivait comme le faisaient toutes ses amies.

Lorsqu'on lui demanda de réfléchir à ce qu'elle avait omis – toutes les qualités plus personnelles qui font d'elle un individu –, Jeanne devint anxieuse et admit : « Je veux être aimée des gens. » Elle ne croyait pas qu'être différente était une bonne idée. Puis elle ajouta sur sa liste « *je m'ennuie tout le temps* » et « *frustrée* ». Il était évident que son besoin d'acceptation par son groupe social ne la rendait pas heureuse.

Il se pourrait aussi, comme pour Dorothée, que votre liste de sentiments et de rôles forme une description très cohérente de la situation de vie que vous aimeriez modifier.

***Dorothée**, 47 ans*
Surmenée
Fille
Sensible
Épouse
Écrivain
Charitable
Préoccupée
Travailleuse
Artistique
Guérisseuse

Si vous lisez cette liste de haut en bas, vous constatez que Dorothée se décrit comme une personne surmenée, fille d'une mère âgée et épouse d'un mari qui insinue qu'elle est trop sensible, comme une travailleuse charitable, mais préoccupée. Et, camouflée au milieu de la liste, siège son ambition d'être écrivain. On constate aussi qu'elle n'a pas perdu confiance en ses talents (*artistique, guérisseuse*).

Découvrir les messages cachés

Examinez votre propre liste pour y découvrir les messages cachés, la connaissance secrète qui ne s'obtient qu'en regardant les choses de façon légèrement différente. La liste de Diane est un bon exemple.

***Diane**, 33 ans*
Mère
Amie

Peintre
Aime les arts
Femme
Vivante
Aime la musique
Épouse

Les deux premiers points de la liste de Diane mettent l'emphase sur sa relation avec les autres. Puis sa liste révèle son rêve d'être peintre, son attachement aux arts et à la musique, son sentiment d'être elle-même et d'être en vie. Sa relation avec son mari vient en dernier. Cette liste illustre bien ce que Diane découvrit elle-même plus tard en se dessinant, en utilisant ses images préférées au lieu des mots : sur le dessin, on la voyait devant un chevalet en train de peindre, avec de la musique autour d'elle, entourée d'une clôture que gardaient son mari et ses enfants. Tout comme sa liste avait révélé qu'elle était accaparée par ses rôles de mère et d'épouse, elle se sentait en réalité piégée et emprisonnée. Tout cela peut être découvert à partir d'une seule liste !

Il peut donc être utile de réexaminer votre liste pour voir aussi si vous avez des rêves ternis par d'autres aspects importants de vous-même.

Vos peurs sont-elles clairement définies ?
Les préoccupations et les peurs qui interfèrent avec votre désir de cesser de rêver et de commencer à vivre sont peut-être très claires pour vous, et elles n'ont alors pas à être définies de façon symbolique sur votre liste. Martin est très conscient de ses

problèmes. Son portrait écrit résume très bien comment il se perçoit : un homme avec du talent et de l'expérience, incapable de découvrir comment il peut réapprendre à vivre de nouveau.

Martin
Scientifique
Éducateur
Philosophe
Compétences gaspillées
Potentiel gaspillé
Acteur
Forcé de prendre sa retraite à 50 ans
Frustré
Angoissé

Martin est en colère d'avoir été forcé d'abandonner un travail qu'il aimait et d'avoir échoué dans quelques occasions d'affaires auxquelles il a pris part ensuite. Il est frustré et angoissé par son incapacité à vivre sa vie selon ses désirs à cause d'un manque d'argent. Il est terrible de commencer à vieillir et de réaliser que ses habiletés et son potentiel sont, ou ont été, gaspillés. Si vous êtes en colère, angoissé ou frustré, essayez de prendre du recul et de voir comment ces émotions vous empêchent de penser d'une façon créative. Les exercices qui suivront vous y aideront en vous révélant des moyens insoupçonnés de gérer ces émotions destructrices.

Si vous êtes heureux avec vous-même, si vous appréciez vos qualités et estimez que vous méritez de cesser de rêver et de commencer à vivre, maintenez ce sentiment positif.

EXERCICE 3
À la recherche de la transformation

Quels aspects de vous aimeriez-vous changer ?
Dressez une liste.

Manque d'affirmation de soi

Nous aimerions tous changer quelque chose en nous. Il peut s'agir d'un aspect important de la façon dont nous faisons les choses. Par exemple, Dorothée a écrit « *mon manque d'affirmation de moi – je ne dis jamais non* ». Elle est très perspicace de le reconnaître, surtout dans sa situation. De nombreuses femmes, et surtout celles qui doivent prendre soin des autres, ont de la difficulté à dire non. N'oubliez pas que chaque personne est libre de ses actes. Vous êtes libre de répondre non à une demande, au même titre que l'autre personne est aussi libre de demander. L'objectif consiste donc à refuser de faire ce que vous ne voulez pas faire sans rejeter l'autre et sans être contrarié par les demandes. Comme vous aurez besoin de pratique pour trouver le bon équilibre, mieux vaut commencer tout de suite.

Nathalie a écrit « *être plus gentille envers moi-même* » et « *m'occuper de mes propres besoins* ». Il est essentiel que vous soyez gentil envers vous-même si vous voulez commencer à vivre. Et vous devriez aussi bien sûr veiller à vos propres besoins – nous devrions tous faire cela.

Vous êtes tout aussi important que les autres personnes de votre vie.

Perdre patience

On retrouve souvent « *cesser de perdre patience* » sur les listes des gens et surtout sur celles des femmes mères de jeunes enfants. Une partie du problème vient du fait que la société adopte une attitude absurde face à la colère. Comme l'on croit encore que les femmes sont moins susceptibles de ressentir de la colère que les hommes, l'on accepte mieux que les hommes perdent patience. Ce qui est absurde et foncièrement faux. Chacun d'entre nous, homme ou femme, peut ressentir de la colère et à tout âge. Vous avec donc effectivement le *droit* de ressentir de la colère si la situation semble le justifier.

La vraie question est de savoir quoi faire avec cette colère lorsque vous la sentez monter à l'intérieur de vous. Vous avez le droit de ressentir ce que vous ressentez. Mais vous n'avez pas le droit – que vous soyez un homme ou une femme – d'infliger de la souffrance et de la douleur aux autres à cause de ce que vous ressentez. Il est donc important d'apprendre à contrôler *l'expression* de la colère. Acceptez et accueillez vos sentiments de colère, mais apprenez à dire aux autres que la façon dont ils agissent vous met en colère sans perdre le contrôle de vous-même. (Pour en savoir plus sur la colère, consulter le chapitre 8 de mon livre *War of Words: Men and Women Arguing*.)

Prendre en charge

Un problème lié au précédent est le désir de contrôler les autres, une attitude avec laquelle plusieurs personnes ont du mal, surtout les mères. Comment distinguer ce qui est de l'ordre de l'établissement de limites nécessaires pour leurs enfants de ce qui relève d'un désir de contrôler ? Il est bon de savoir que cela vient avec le territoire – les mères n'ont jamais raison !

Lynne a dit : « Je ne *veux* pas contrôler ma famille. Mais il y a ce vide que quelqu'un doit remplir. » Et plus tard elle ajoute : « J'ai tellement peur que, quoi que je fasse, je perturbe mes enfants. » D'autres membres de son groupe partageaient aussi cet avis.

Il faut un contrôle de soi énorme pour laisser aller ses enfants lorsqu'ils commencent à vieillir, pour leur permettre de commettre toutes les erreurs grâce auxquelles vous avez pourtant appris, pour consentir à ce qu'ils réinventent la roue à nouveau. Si vous éprouvez de la difficulté à gérer les autres, essayez de renverser ce sentiment et de vous contrôler : retenez-vous de dire quoi que ce soit qui puisse donner l'impression que vous essayez de diriger leur vie.

Certains parents sont confrontés à la difficulté inverse. Plusieurs réalisent et acceptent le fait que leurs enfants doivent avoir le droit de contrôler eux-mêmes de plus en plus leur vie à l'approche de l'âge adulte, mais ils ne savent pas comment insister pour que ces adolescents adoptent un comportement raisonnable. Ils se posent une question fondamentale : la liberté de choix grandissante des adolescents interfère-t-elle avec les droits et libertés des autres ? Les adolescents devraient avoir le droit de faire des choix, mais pas de dominer la famille. Tous les parents devraient insister sur le fait qu'ils ont eux aussi des droits et qu'aucun enfant, quel que soit son âge, ne devrait avoir le droit de violer ces droits tant qu'il vit avec eux. Il s'agit encore d'un autre aspect de notre besoin de nous affirmer et de refuser d'être traité de façon misérable par nos proches.

Vouloir s'améliorer

Être « meilleur » dans ce que nous faisons est un désir légitime. Plusieurs femmes ont écrit qu'elles désiraient être « *une meilleure mère* ». Si vous avez écrit quelque chose de semblable – ou « *être plus gentil* », « *penser plus aux autres* » et ainsi de suite –, souvenez-vous que cette ambition admirable peut aussi être la petite voix qui vous empêche de réaliser vos rêves. Nous ne le savons pas encore, mais vous découvrirez peut-être que ce que vous croyez vouloir changer est plutôt ce que vous avez peur de changer parce que vous pensez que les *autres* n'aimeront pas vos rêves. Vous êtes peut-être une excellente mère, une collègue de travail efficace, une personne bienveillante, généreuse et attentionnée, mais il se pourrait que ces belles qualités répriment votre propre accomplissement. Il s'agit d'une pensée terrifiante, mais vous devrez peut-être apprendre à être un peu plus égoïste et non moins.

Inquiétude et peur

Lynne a écrit « *l'inquiétude – tous mes désirs sont bloqués parce que je suis inquiète des conséquences pour les enfants* ». Bien souvent, cette préoccupation pour les autres nous empêche de réaliser nos rêves – et nous nous pencherons sur cette question un peu plus loin dans le livre. Mais si ce genre de crainte a déjà fait surface de façon explicite dans votre liste, vous savez déjà, quelque part à l'intérieur, qu'il s'agit de vous. Vous savez qu'il s'agit de votre propre façon d'interpréter la situation et que, si seulement vous saviez comment faire, vous pourriez découvrir une nouvelle façon de voir les choses. Ceci représente déjà une première étape importante, parce que oui, vous *pouvez* apprendre à construire votre propre réalité différemment.

D'autres craintes sont plus masquées. Jeanne, par exemple, avait rédigé une longue liste de choses qu'elle souhaitait changer à son sujet. Il s'agissait de différents aspects de sa véritable crainte, qui était de savoir ce que penseraient les autres si elle faisait vraiment ce qu'elle avait envie.

La crainte de ce que les autres pourraient bien penser peut vous mener vers de réels dangers. Bernard, qui s'était vu offrir une importante promotion à l'étranger, avait peur « *d'être un fainéant* ». Nous avons appris que Bernard travaillait de 10 à 12 heures par jour et parfois chez lui le week-end. Mais il était inquiet à l'idée de passer pour un paresseux ! Bernard estimait qu'il *devait* être en mesure de travailler de la sorte parce que telle était la culture de la grande entreprise internationale pour laquelle il travaillait. Il se sentait donc coupable chaque fois qu'il voulait se reposer, faire de la voile ou cuisiner avec des amis. Il n'est donc pas surprenant que sa confiance en lui s'érodât tranquillement : en acceptant les demandes insensées de ses employeurs, il s'était voué à l'échec.

Ceci peut sembler extrême, mais j'estime que l'ergomanie (*workalcoholism*) est devenue chez les jeunes hommes d'affaires une maladie mentale aussi sérieuse que l'anorexie chez les jeunes femmes – et aussi mortelle, bien que le processus soit plus lent. Si vous travaillez un grand nombre d'heures chaque jour et que vous ne savez tout simplement pas comment vous arrêter, alors votre vie est sérieusement déséquilibrée, votre santé est compromise et vous avez besoin d'une aide psychologique.

Culpabilité

La culpabilité représentait un obstacle majeur pour plusieurs participants. Estelle mentionnait avoir été en colère contre son mari le matin même parce que celui-ci avait soulevé des difficultés de dernière minute, mais elle savait que sa colère était surtout due au fait qu'elle se sentait coupable de laisser son enfant de trois ans avec son père. « Une partie de moi estime que je ne dois pas faire cela. »

Martin estimait qu'il s'agissait plutôt d'un problème lié aux spécificités de chaque sexe : il n'éprouvait pas de sentiment de culpabilité et, en tant que scientifique, il recherchait plutôt des solutions pratiques. Il est vrai que les femmes ont tendance à se sentir coupables lorsqu'elles pensent à elles. La culpabilité surgit souvent lorsque vous avez des enfants, que les autres membres de votre famille dépendent de vous, et que vous estimez devoir vous occuper d'abord de leurs besoins et de leurs désirs. Mais les hommes qui ont des familles éprouvent le même genre de sentiment de culpabilité lorsqu'ils veulent changer le cours de leur vie. Ce sont ceux qui n'ont personne à leur charge qui ne laissent pas la culpabilité les brimer.

Personne n'aime se sentir coupable, mais vous éprouvez ce sentiment parce que vous n'avez pas résolu certains problèmes. Soyez-en conscient, et certains exercices que vous trouverez plus loin dans ce livre devraient vous aider à y voir plus clair.

EXERCICE 4
Reconnaître vos qualités

Quels aspects de vous aimez-vous ? Essayez d'en énumérer au moins 5.

Il est plus difficile de songer à ce que vous aimez de vous qu'il n'y paraît. La plupart des gens sont rapidement capables de penser aux aspects qu'ils veulent changer, mais ils hésitent lorsque vient le temps de réfléchir à ce qui leur plaît chez eux.

Cependant, votre moral remonte lorsque vous réalisez que vous avez de belles qualités, que certains aspects de votre vie vous rendent heureux et que vous avez accompli des choses dont vous pouvez être fier. Vous vous sentez plus léger, les couleurs sont plus vibrantes, vous avez peut-être même une chanson en tête, l'air se remplit de parfum et la vie est belle. Le plaisir est extrêmement important pour votre bien-être mental et physique, et si le fait d'être vous-même vous procure du plaisir, voilà une réalisation considérable.

Anne, qui avait produit un autoportrait illustrant son dégoût d'elle-même, découvrit avec plaisir que oui, elle *avait* après tout de belles qualités. Voici sa liste :

Anne, **14 ans**
Forte
Patiente
Amicale
Compréhensive
Aussi bonne que les autres

Elle mentionna que tous les points de sa liste originale étaient toujours valables, mais elle se rendit compte que les aspects d'elle-même qui lui plaisaient étaient plus importants qu'elle ne le croyait. Elle *aimait* son sentiment d'être forte, patiente et amicale, et d'être aussi bonne que les autres. Nous étions tous réjouis de la voir modifier son premier autoportrait.

Nathalie découvrit elle aussi qu'il y avait plusieurs aspects d'elle-même qui lui plaisaient, et un de ceux-ci illustrait sa décision d'entreprendre ce programme. Voici sa liste :

***Nathalie*, 27 ans**
Fait des efforts pour changer
Essaie de nouvelles choses
Honnête
N'a pas peur des gens (autant qu'auparavant)
Bonne mère

Plusieurs femmes qui éprouvaient de l'anxiété à l'idée de vouloir être une « meilleure mère » trouvaient aussi que le fait d'avoir des enfants était l'un des meilleurs aspects de leur vie. Et les plus âgées ajoutaient « *être grand-mère* ». Lynne écrivit « *parfois je suis une bonne mère* ».

La liste de certaines personnes était courte, mais chacune fut capable de découvrir un aspect d'elle-même qui lui plaisait. Thérèse écrivit « *sensibilité, passion, conscience* » ; la liste de France était semblable : « *conscience, empathie, amour de la nature* ». Même Martin, quoique frustré et mécontent, écrivit « *ai réduit l'angoisse, ai déménagé à Somerset, commence à faire quelque chose d'utile* ».

EXERCICE 5
Imaginer une île déserte...

Prenez votre autoportrait – la liste des 10 descriptions les plus significatives que vous avez dressée dans l'exercice 2.
Si vous viviez sur une île déserte, lesquels de ces aspects changeriez-vous ?

Cet exercice sert à déterminer à quel point votre sentiment d'être vous-même dépend des autres. Vous aurez à évaluer vos réponses et à vous demander : « Si j'étais seul sur une île déserte, comment voudrais-je être ? Est-ce que cela plairait aux autres ? Est-ce important ? »

Comme nous devons tous vivre avec les autres, à des degrés divers, nous ne pouvons ignorer ce qu'eux semblent vouloir. Mais avant de penser aux autres, vous devez d'abord être certain de ce que *vous* pensez de vous dans votre for intérieur.

Vous êtes la seule personne avec qui vous devez vivre toute votre vie. Chose que nous oublions parfois.

Vous avez peut-être déjà modifié votre autoportrait à cause de ce que vous avez découvert dans l'exercice 4, comme l'a fait Anne. Mais en vous imaginant maintenant seul sur une île déserte, vous êtes désormais confronté à la personne que vous voudriez réellement être.

Certaines personnes trouvent cet exercice très difficile car il peut être affolant d'imaginer sa vie sans les autres, surtout sans ceux que vous aimez. Diane n'éprouva cependant aucune difficulté car elle réalisa que, sur une île déserte, elle aurait la liberté de peindre ; elle put mettre de côté son rôle de mère, d'amie et d'épouse le temps de cet exercice et renouer avec l'essence d'elle-même : une créatrice amoureuse des arts et de la musique.

Rose mentionna qu'être seule la reposerait et réalisa ainsi que sa situation de veuve et de maman de deux enfants l'angoissait beaucoup. Son autoportrait original était :

Rose, 40 ans
Mère
Endeuillée
Travailleuse
Angoissée
Bon sens de l'humour
Bonne cuisinière
Organisée
Bonne avec les gens
Esseulée
Fatiguée

Presque tous les points de sa liste étaient posés en fonction des autres et, sur une île déserte, elle pourrait se reposer un moment. « Je pourrais dormir suffisamment et n'aurais d'autre préoccupation que de me demander comment se comportent mes enfants. Je m'ennuierais d'eux, bien sûr, et aussi de mon mari. Mais ce ne serait pas un fardeau. »

Si l'idée de vous évader loin des gens qui vous entourent vous procure des images de plaisir et de relaxation, il est évident que vous ne vous occupez pas suffisamment de vos propres besoins. Pour le moment, soyez-en conscient. Vous êtes averti et découvrirez plus tard dans ce livre des moyens de régler ce problème.

Irène, par contre, estima qu'il lui serait extrêmement difficile de vivre seule : « J'ai besoin d'un public. J'aime faire rire les gens. » Comme nous le verrons, cela constitua une importante découverte pour Irène, qui donne le meilleur d'elle-même lorsqu'elle est sur scène. Le fait d'en prendre conscience lui permit de constater qu'elle essayait de réconcilier les gens car, comme Jeanne, elle voulait être aimée d'eux.

« Pauvre moi, dit-elle. J'ai une colonne vertébrale faite de blanc-manger ! »

La plupart des gens estiment qu'ils changeraient quelque chose d'eux s'ils étaient seuls. Ils ne sont toutefois pas certains que les autres apprécieraient ce changement. Gardez en tête les découvertes que vous faites ici. Ce sera important pour plus tard.

EXERCICE 6
Un premier coup d'œil rapide sur vos rêves

Quel rêve entretenez-vous depuis votre enfance ?
Avez-vous poursuivi ou reporté ce rêve ?
Qui vous a retenu, ou quoi ?
Qui vous a le plus aidé, ou quoi ?

Vous estimez peut-être qu'il ne vaut pas la peine de noter vos réponses, mais le fait de les écrire peut vous être d'une grande utilité. Les deux dernières questions sont particulièrement importantes. Forcez-vous à réfléchir aux personnes ou aux éléments qui vous ont retenu même si ces facteurs vous semblent importants, fondamentaux ou impossibles à changer. Décrivez en détail les barrières qui s'opposent à votre réalisation. Entendez les commandements, ressentez le poids des chaînes, goûtez à l'amertume de l'entrave, respirez l'air suret d'un rêve inassouvi. Vos mots auront pour effet d'ôter les obstacles de votre tête et de concrétiser vos pensées et vos émotions. Éventuellement, lorsque vous aurez terminé un plus grand nombre d'exercices et que vous serez prêt, vous serez en mesure d'examiner plus froidement et plus objectivement votre prison et de découvrir ainsi une porte de sortie.

Réfléchissez attentivement à la dernière question. Qui vous a le plus aidé par le passé, ou quoi ? Dans quelles circonstances commencez-vous à vous sentir fort, solide, capable de surmonter tous les obstacles ? À quel moment avez-vous cru – ne serait-ce qu'occasionnellement, dans le secret de votre intérieur – qu'il était peut-être possible de réaliser vos rêves ?

Soyez honnête avec vous-même. Personne d'autre ne doit savoir. Vos rêves constituent une part importante ce que *vous* êtes.

Cette fois, je vais me prendre en exemple, à deux stades différents de ma vie, pour illustrer la façon dont fonctionne cet exercice.

Elizabeth (40 ans)
Comme l'a dit Rose, « 40 ans est un âge important et angoissant » et, comme plusieurs autres personnes, j'ai commencé à paniquer, estimant que je ne pourrais jamais réaliser mes rêves. Voici mes réponses à l'époque :

Rêve d'enfance ? Depuis que j'ai mis les pieds dans un hôpital à l'âge de six ans, j'ai rêvé de devenir médecin.

Poursuivre ou reporter ? Je n'ai jamais été capable de poursuivre ce rêve. Lorsque j'ai découvert la psychologie, je me suis mise à rêver de devenir psychothérapeute. J'ai réussi à poursuivre ce rêve – lentement – en étudiant à temps partiel lorsque j'habitais à Montréal, au Canada, et, par la suite, lorsque j'ai entrepris une analyse de formation à Bruxelles, en Belgique.

Qui vous a retenu, ou quoi ? Premièrement, mon père refusait catégoriquement que j'aille à l'université. (Les jeunes lecteurs se souviendront que je fais référence à une époque préféministe.) Deuxièmement, je devais gagner ma vie et m'occuper de trois enfants. Finalement, je suis rentrée en Angleterre car je n'avais plus d'argent.

Qui vous a le plus aidé, ou quoi ? Woody (un professeur de l'Université McGill) qui a cru en moi et qui m'a persuadée de continuer. Il a aussi influencé mon besoin de comprendre les bases scientifiques des théories psychanalytiques, ce qui me rend aujourd'hui mal à l'aise dans le cheminement que je poursuis.

J'ai réalisé alors que je pouvais influencer le cours des choses si j'étais absolument certaine que j'allais dans la bonne direction. J'avais perdu confiance dans « l'intégrité » de la théorie jungienne, même si mon analyse m'avait beaucoup aidée. Je rêvais désormais d'aller à l'université pour étudier à plein temps l'approche scientifique la plus récente. Et lorsque j'eus complété le reste des exercices, j'ai finalement trouvé le moyen de réaliser ce rêve.

Elizabeth (63 ans)
Rêve ? J'avais six ans lorsque j'ai écrit mon premier « livre » et que je l'ai envoyé à mon père qui était alors en Allemagne (durant la Seconde Guerre mondiale). Derrière le rêve d'aider les gens se cachait celui d'être écrivain.

Poursuivi ou reporté ? J'ai toujours écrit : je suis devenue journaliste à Montréal et j'ai fait vivre mes enfants en écrivant, en traduisant et en enseignant. Je fus rédactrice et fondatrice du magazine *The Psychologist*, en combinant mon diplôme d'Oxford et mon expérience journalistique.

Ce qui m'a retenue ? Assurément, un manque de confiance en moi. J'ai besoin que l'on me demande d'écrire des articles ou des livres, je ne m'offre presque jamais. J'ai écrit trois romans, douze nouvelles et trois pièces de théâtre qui ramassent la poussière sur mes étagères. Pourquoi ? Probablement par peur. Je ne suis peut-être pas à la hauteur.

Qui m'a aidée ? Mon premier directeur de rédaction au journal *The Montreal Star* m'a donné confiance en moi (à l'époque). John (mon mari actuel) m'encourage, et Lise (ma fille) est une bonne critique. Ils me donnent l'impression que je *peux* écrire. Je me sens forte lorsque ce que j'ai écrit semble fonctionner.

J'ai été surprise de constater que cette ambition se cachait sous la surface depuis longtemps et à quel point elle était prête à émerger si on lui laissait une chance. J'ai aussi réalisé que je voulais écrire sur tout ce que j'avais appris au cours des 40 années passées à étudier la psychologie, qu'il s'agisse de fiction ou non. Mes deux rêves se sont finalement unis.

QUATRIÈME CHAPITRE

Affronter vos démons intérieurs

Vous avez peut-être déjà entendu parler de la vallée de l'ombre de la mort* et vous vous sentirez peut-être un peu ainsi en avançant avec peine dans le présent chapitre. Voici en effet l'endroit où les choses se corsent. Les nuages noirs vont s'amonceler et vous entendrez peut-être des pleurs et des grincements de dents.

Ce chapitre met l'emphase sur toutes les choses qui vous dérangent, sur ces pressions et ces demandes qui entravent votre bonheur, sur ces peurs qui paralysent vos pensées et vous empêchent de réaliser vos rêves. Vous ne vous sentirez probablement pas très bien et ne verrez pas la vie du bon côté en le terminant. Vous n'entendrez probablement pas de chœurs célestes, ne sentirez pas de délicieuses odeurs de rose et de chèvrefeuille et aurez un goût amer dans la bouche.

Cependant, il est essentiel que vous franchissiez ce chapitre pour prendre le contrôle de votre vie. Il est important que vous distinguiez bien les difficultés qui vous gênent. Vous devez écouter les petites voix qui crient dans votre tête afin de trouver le moyen de les faire taire.

---

* Psaume 23, verset 4, version autorisée de *La Bible du roi Jacques* (version régulière révisée, 1952).

Comme ce chapitre est long et difficile – pour chacun d'entre vous, que vous soyez heureux et équilibré ou non –, il est préférable de choisir un moment pour le travailler où vous vous sentez fort et apte à affronter les vérités déplaisantes. Sachez que vous parviendrez à franchir cette vallée des ombres sans blessures. Mais vous aurez besoin de force et d'une bonne dose de courage pour traverser les méandres obscurs de vos propres peurs, pour écouter vos démons cruels et les sentir écorcher votre cœur. Vous savez qu'ils sont en vous. Vous devez maintenant trouver le courage de les regarder en face et de les écouter pour parvenir à les chasser.

Alors, quand vous aurez rassemblé toutes vos forces, soyez courageux. Allez-y. Essayez de traverser ce chapitre sans vous arrêter afin de tirer véritablement tous les bienfaits des exercices proposés. Vous pourrez ensuite aborder les chapitres plus positifs et agréables qui suivent.

Ce chapitre est particulièrement long parce que j'y cite plusieurs exemples de diverses personnes. Vos propres découvertes sont bien évidemment plus importantes pour vous, mais certains de ces exemples vous sembleront peut-être familiers et vous permettront ainsi de mieux comprendre vos difficultés.

EXERCICE 7

Contrariétés, pestes et harcèlements

Faites une liste des choses qui vous contrarient le plus dans la vie.

Vous vous retrouverez probablement avec une liste de trois à six points principaux. Si votre liste est beaucoup plus longue, essayez de joindre un ou deux points ensemble pour en faire une seule catégorie. Par exemple, vous avez peut-être écrit « *hypothèque* », « *factures* » et « *argent* » – ce que toute personne qui est préoccupée par ses finances a tendance à faire. Vous pourriez alors regrouper ces mots sous le terme « *finances* » ou « *argent* ». Essayez de produire une liste qui ne contient pas plus de six points à partir desquels vous pourrez travailler.

Certains de ces points sont peut-être les mêmes que ceux que vous avez énumérés dans l'exercice 3 – *Quels aspects de vous aimeriez-vous changer ?* Et certains autres seront nouveaux. Peu importe. L'important est de mettre l'accent sur la question : « Quelles choses me contrarient le plus dans la vie ? »

Une grande préoccupation

Vous remarquerez peut-être qu'en ce moment une grande préoccupation domine votre vie.

Plusieurs personnes se soucient énormément de ne pas blesser les gens qui leur sont chers. Jeanne, par exemple, détestait l'université, mais elle y restait de peur d'angoisser sa mère. Diane s'inquiétait de négliger ses enfants et ses amies en prenant du temps pour peindre. Lynne était persuadée que le fait de réaliser ses ambitions priverait sa famille. Plusieurs personnes partagent cette grande préoccupation, et surtout les femmes, comme nous le verrons un peu plus loin. Il peut être très angoissant de sans cesse se préoccuper des autres, surtout lorsque nous sommes adulte et que nous avons la responsabilité d'un conjoint, d'enfants et d'un parent âgé ou malade. Vous *savez* maintenant que des gens dépendent réellement de vous, que ce soit financièrement, physiquement, psychologiquement, etc. Comment pouvez-vous les laisser tomber ?

D'autres préoccupations majeures peuvent inclure les relations et le sentiment d'avoir été rejeté par des personnes importantes, de « ne pas être à la hauteur ». France et Estelle décrivent différents aspects de cette inquiétude, comme nous le verrons.

Double contrainte

La contrainte devient double lorsque vous avez deux préoccupations majeures et qu'il vous est impossible d'en régler une sans que l'autre ne se manifeste. Marc, par exemple, s'apprêtait à passer un examen d'admission parce que ses parents désiraient qu'il aille à l'école publique et il avait peur de les décevoir. Il était convaincu qu'il n'était pas suffisamment intelligent pour le réussir, il ne voyait donc pas l'utilité de travailler et refusait de potasser. En agissant ainsi, il pouvait toujours se dire qu'il *aurait* pu réussir s'il avait étudié – une façon de protéger son estime de lui qui avait des conséquences désastreuses. Il rencontrait des problèmes à la maison comme à l'école, ce qui m'a amenée à le rencontrer.

Marc se trouvait dans une situation de double contrainte agonisante : s'il se mettait à étudier pour faire plaisir à ses parents et à ses professeurs, il n'aurait plus aucune excuse à se faire valoir lorsqu'il échouerait à son examen, ce dont il était certain. Cependant, il était si terrifié à l'idée d'échouer qu'il n'en dormait plus la nuit.

La situation de Marc peut sembler inhabituelle, mais plusieurs personnes, jeunes ou vieilles, ont peur de l'échec. Nous devons comprendre que les enfants ont souvent de bonnes raisons de mettre au défi parents et professeurs – raisons qui, entendons-nous, reflètent leur propre interprétation de la situation et leurs peurs. Marc ne *voulait* pas vivre continuellement dans le tumulte et le conflit, mais, en son for intérieur, il se sentait plus rassuré ainsi que s'il faisait ce qu'on attendait de lui.

La peur de l'échec peut nous empoisonner toute notre vie. Elle est particulièrement douloureuse après une vie passée à trimer, quand vous avez l'impression, comme ce fut le cas pour Martin, que plus personne ne veut de vos compétences. Sa liste incluait « *insécurité* », « *pas d'argent* », « *la société ne me veut pas* » et « *perdu la face et mon but* ». Le manque d'argent devient un problème majeur pour les personnes plus âgées qui ne reçoivent pas de pension de retraite professionnelle, et cela préoccupait également Élisabeth et Barbara. Mais, même si nous pouvons tous comprendre les problèmes pratiques reliés à l'insécurité financière, Martin exprimait une détresse insoutenable, celle d'être rejeté par la société en général simplement parce qu'il vieillissait. Toute son expérience de vie ne semblait plus avoir aucune valeur.

Votre âge fait-il une différence ?

À chaque étape de notre vie, l'âge joue un rôle important dans ce qui nous préoccupe. Les adolescents sont incommodés par les hormones et par la peur de l'avenir. Les jeunes adultes se soucient de leurs relations amoureuses, les adultes plus matures sont davantage préoccupés par les responsabilités et par la réalisation qu'ils n'accompliront peut-être jamais quelque chose dont ils seront fiers. Et les personnes âgées s'inquiètent de devenir invalides, d'être dépendantes des autres et incapables de faire des choix à cause du manque d'argent.

Thomas, le plus âgé des participants au programme de planification de vie, avait mis sur sa liste « *diminution des forces physiques* », « *perte de mémoire* », « *difficulté à se concentrer* » et « *tendance à piquer des colères* ». Il disait s'enrager pour des bagatelles, comme lorsqu'il cassait un verre ou se cognait à une table. Les plus gros problèmes étaient beaucoup plus faciles à affronter. Le fait de se fâcher pour des broutilles est un signe certain de stress et d'anxiété. Lorsque les gens sont préoccupés par des problèmes auxquels ils ne trouvent aucune solution, ils deviennent davantage irascibles. Les rages de Thomas sont fort probablement associées au fait qu'il est conscient de se rapprocher un peu plus du moment de sa mort et à son désir vivace d'accomplir quelque chose dans la vie. C'est ce à quoi fait référence le poète Dylan Thomas quand il écrit :

N'allez pas doucement dans cette nuit paisible,
La vieillesse doit se consumer et se déchaîner à la fin de la journée ;
Ragez, ragez contre le déclin de la lumière.*

---

* Dylan Thomas, *Do Not Go Gentle into that Good Night*, 1952.

Toutes les craintes exprimées ici par les participants sont réalistes. Ce livre ne désire aucunement nier l'importance des soucis que sont les relations, les ambitions non réalisées, l'argent, l'âge et la mort prochaine. Et loin de moi est l'idée de prétendre qu'il n'est pas nécessaire de trouver les moyens d'y remédier. Non, le but de ce livre n'est pas de nier la réalité, ni de créer un monde de fantasmes. Ce livre a pour but d'examiner ce que chaque individu peut choisir de faire de façon réaliste pour régler ses difficultés, tout en sachant pleinement qui il est et quelles sont les compétences et les possibilités offertes à quelqu'un qui a le courage de persévérer.

Mais vous devez tout d'abord découvrir ce que vos craintes et vos angoisses vous disent.

EXERCICE 8

Le cercle des voix démoniaques

Cet exercice est très important.
1. Prenez une feuille de papier et dessinez un grand cercle.
2. Divisez le cercle comme une tarte, en allouant à chacune de vos préoccupations une portion appropriée du cercle.
3. Nommez chaque section.
4. Nommez la page « Mon cercle de voix démoniaques. »
5. Écrivez à côté de chaque section ce que cette préoccupation vous évoque.

Laissez votre conscience se déconcentrer, s'affaisser, devenir molle et réceptive. Écoutez ces voix détestables et désobligeantes et écrivez ce que vous entendez. Ne vous arrêtez pas pour interroger ou discuter – vous devez être en mesure d'entendre ce que disent au plus profond de votre pensée ces critiques intérieurs. Ne vous sentez pas ridicule en faisant cet exercice inhabituel. Laissez tout simplement les voix prendre le dessus, et écrivez leurs pensées désagréables.

Si vous faites cet exercice de la bonne façon, vous vous sentirez certainement très mal. Il arrive que, lors d'une session de groupe, un ou deux participants se mettent à pleurer à chaudes larmes. Ce peut être angoissant, mais tenez bon : cela signifie que vous suivez correctement le processus. Vous n'auriez pas de difficultés et ne seriez pas à la recherche d'une solution si vous n'aviez pas de pensées négatives à votre sujet ou au sujet de votre situation.

Lorsque vous regarderez ce que vous avez écrit et constaterez que vous avez réellement écouté ce que ces voix intérieures disent de vous, vous remarquerez probablement que leurs propos se regroupent autour d'un même thème. D'une certaine façon, vous avez échoué ou n'êtes tout simplement pas à la hauteur, ou bien vous êtes un imposteur, ou encore personne ne veut de vous.

Consolez-vous en vous disant que vous n'êtes pas seul. Ceci arrive à *tout le monde*. Nous possédons tous un critique intérieur – ou deux, ou plus – qui mine notre estime de nous-même et nous donne l'impression qu'il est inutile d'essayer. *Mais ne vous arrêtez pas maintenant. Ceci est l'étape la plus difficile à traverser. Si vous avez accompli cet exercice de la bonne manière, vous constaterez que les choses seront beaucoup plus faciles à partir de maintenant.*

Examinons quelques cercles que certains participants ont tracés.

DOROTHÉE
« Ne sois pas égoïste »

Les voix de Dorothée ne font que des demandes : « *Je veux…* » et « *j'ai besoin…* » C'est de cette façon qu'elle ressent son mari, sa mère, sa maison, son travail. Au plus profond d'elle-même, ces luttes ne cessent jamais. Sa petite voix hurle, plus profondément encore, pour obtenir de l'aide et de l'attention. Elle suffoque sous la pression des demandes que l'on fait de son temps et de son énergie. La voix la plus forte lui dit: « *Ne pense pas à toi. Tu es égoïste.* » Elle n'avait pas besoin de l'écrire.

« Je l'entends crier tout le temps », dit-elle.

Évidemment, l'argent pourrait lui procurer plus de temps pour elle – elle pourrait ainsi payer quelqu'un pour exécuter certaines de ses tâches. Mais ses voix lui disent à nouveau qu'elle n'est pas assez bonne pour gagner davantage d'argent et que si elle en dépense pour s'aider elle-même, elle est égoïste. Il n'est donc pas surprenant qu'elle soit si fatiguée.

LYNNE
« Tu n'es pas à la hauteur »

- Tu seras pauvre lorsque tu seras vieille
- Tu seras un fardeau

- Pas assez de connaissances pour gagner ma vie à faire pousser des plantes

- Tu dois t'habiller selon ton rôle
- Ne dépense pas d'argent

- Pas assez d'argent pour rendre les autres heureux

- Tu n'es pas comme les autres
- Tu n'appartiens pas à ce groupe

- Si tu dépenses de l'argent chez l'horticulteur, tu prives ton mari et tes enfants de ce qu'ils veulent

Argent

- Tu n'es pas assez bonne pour être sur le tableau principal

Travail

- Le travail exige tout ton temps
- Pas le temps de faire ce que tu veux

Famille

- Tes enfants doivent recevoir l'éducation la meilleure
- Si tu ne les envoies pas à l'école privée, leur vie sera ruinée

- Avoir une belle maison
- Mari mécontent dans une maison ordinaire

- Tu es trop vieille pour te trouver un autre travail
- Tu n'es pas assez intelligente pour te trouver un autre travail

Lynne n'a dessiné aucune ligne dans son cercle pour le diviser. Comme vous pouvez le constater, toutes ses préoccupations se fondent les unes aux autres. Dans sa tête, elle tourne en rond.

En termes de carrière et d'argent, Lynne est probablement, de tous les participants ayant suivi ce programme, la femme qui a le mieux réussi. Mais elle considère elle-même qu'elle n'est « *pas assez bonne* ». Elle touche un très bon salaire, mais elle doit voyager continuellement, ce qui lui cause une tension constante et ne lui laisse pas de temps pour elle ni pour sa famille. Elle est néanmoins convaincue que les membres de sa famille ont *besoin* de ses revenus, et que si elle ne se dévoue pas entièrement à son travail exigeant, ils n'auront pas tout ce dont ils ont besoin. Mais le plus important, c'est qu'elle croit qu'elle *doit* gagner assez d'argent pour envoyer ses enfants à l'école privée, sinon ils n'obtiendront pas la meilleure éducation et leur vie sera ruinée.

Lynne sait ce qu'elle veut faire. Elle est une horticultrice accomplie et veut passer plus de temps à cultiver des plantes exotiques. Cependant, elle estime qu'il lui serait impossible de gagner suffisamment d'argent en faisant un tel métier, et se considère égoïste (encore) de dépenser de l'argent pour ce passe-temps. Elle aimerait bien trouver un travail qui ne lui impose pas de voyager autant. Mais, malgré sa réussite, elle se sent « *trop vieille* » et « pas à la hauteur ».

Un nombre incroyable de personnes doivent endurer cette voix intérieure qui dit que « vous n'êtes pas à la hauteur ». Si vous avez entendu ceci de vos propres démons intérieurs, souvenez-vous que *ce n'est pas la vérité* : ce ne sont que les peurs que même les plus forts d'entre nous doivent affronter.

La peur de l'échec

Bernard est jeune, ambitieux et il vient d'être promu à un poste important assorti d'un salaire imposant.

Bernard a peur. En ce moment, il n'entend dans sa tête que des voix lui disant que ses patrons se sont trompés, qu'il a un mauvais jugement et qu'il ne réussira jamais aux États-Unis. Son cercle ne comporte aucune division car toute sa vie n'est qu'un grand tumulte – ce n'est pas une tarte, mais un bouilli.

Si Bernard continue à écouter ces voix sans savoir comment leur répondre, il sera incapable de prendre des décisions sensées. Mais au moins il sait pertinemment de quoi il a peur : tout comme Marc, l'adolescent que nous avons rencontré au début de ce chapitre, Bernard a peur de l'échec.

Problèmes amoureux

La peur de l'échec ne s'applique pas qu'au travail. Elle peut aussi s'appliquer aux relations amoureuses et France découvre que cette peur fait partie de ses difficultés.

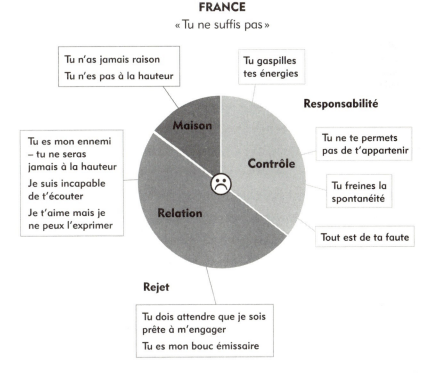

La première chose que France découvre et qui est la plus importante, c'est que l'homme de sa vie la rejette *dans sa propre tête*. Il est important de ne pas perdre de vue que toutes ces voix sont simplement vos propres voix, criant dans votre propre tête. Vous n'entendez pas vraiment les voix des autres – elles ne sont que *votre interprétation* de ce que ces gens vous disent. Vous ne pouvez pas savoir avec certitude si ce que vous entendez est véritablement ce que ces gens pensent, à moins d'avoir des informations supplémentaires. Alors France entend l'homme de sa vie lui dire dans sa tête : « *Tu es mon ennemie* » et « *Tu es mon bouc émissaire* ». Il n'est donc pas surprenant qu'elle se sente rejetée par la seule personne de qui elle voudrait se sentir proche.

Cependant, en même temps, France entend une autre voix lui dire : « Tu ne te permets pas de t'appartenir, tu freines la spontanéité ». Et elle réalise qu'il est vrai qu'elle n'aime pas se laisser aller. Elle a peur d'être vulnérable si elle perd le contrôle. Un peu plus tard, France avoua : « J'ai toujours peur d'être blessée si j'obtiens ce que je veux. Je dois me laisser aller. »

Est-ce que cela vous ressemble ? Il n'y a aucune garantie lorsqu'on aime quelqu'un et il se pourrait donc que vous soyez blessé. Mais en même temps, l'amour mutuel ne peut exister sans vulnérabilité – de part et d'autre. C'est pourquoi l'amour est à la fois merveilleux et terrifiant.

Il se peut toutefois que France interprète correctement l'attitude de son amant. Il se pourrait qu'il la traite comme une ennemie et un bouc émissaire. Les voix de ce cercle de démons indiquent que quelque chose ne va pas dans leur relation et soulignent les aspects sur lesquels France doit se pencher.

Lorsque vous êtes dans une relation malheureuse, vous contribuez à l'entretenir. Comme le souligne clairement Robin

Norwood dans son livre *Ces femmes qui aiment trop*, il est fort probable que ce soit parce que vous avez choisi justement la personne avec qui reproduire les expériences misérables que vous attendez. Les voix du cercle de démons peuvent vous avertir du fait que vous devez évaluer la façon dont vous contribuez à votre malheur.

Les héritages non voulus de l'enfance

Les relations amoureuses sont souvent une source importante d'inquiétude. Le cercle d'Estelle est un exemple parfait du genre de peurs et de soupçons qui peuvent s'immiscer dans le bonheur de bien des gens, surtout des femmes.

Estelle se présente bien, ses cheveux sont toujours parfaitement coiffés, ses ongles manucurés, et ses vêtements délibérément décontractés lui conviennent à merveille. Elle semble propre, méticuleuse, minutieuse. Et elle l'est. Elle n'ose pas affronter le monde sans son armure de maquillage soigné, de vêtements distingués et de chaussures bien cirées. Dans son for intérieur, elle estime ne pas être suffisamment à la hauteur pour que quelqu'un puisse l'aimer, comme le démontre son cercle de démons. C'est pourquoi elle doit se protéger en ayant l'air d'une personne très convenable. Mais elle se sent comme une imposteur et s'imagine que si jamais quelqu'un apprend à la connaître et découvre la vérité, elle sera à nouveau perdue.

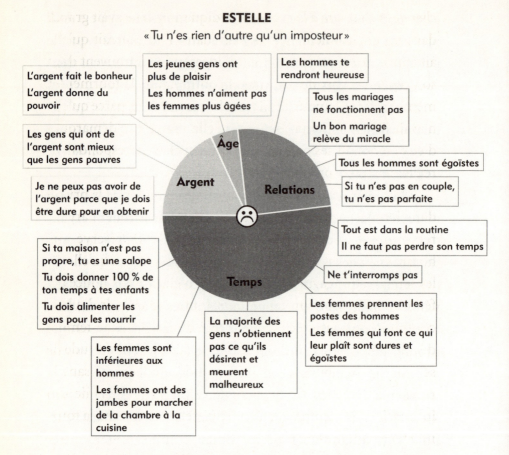

« Je comprends maintenant, avoua alors Estelle, pourquoi les gens ont une mauvaise impression de moi. Je ne leur laisse jamais voir la vraie moi, je n'ose pas. Je déteste pourtant tellement la femme qu'ils voient… » Et elle se mit à pleurer.

Pourquoi Estelle a-t-elle une si piètre image d'elle-même ? Nous avons pu constater qu'elle a probablement été élevée dans une famille qui méprisait les femmes. Elle nous mentionna que c'était son père qui disait « *les femmes ont des jambes pour mar-*

cher de la chambre à la cuisine », indiquant qu'elle avait grandi dans un environnement très dégradant. Il semblerait qu'elle ait appris de ses parents toutes les idées qui se retrouvent dans son cercle. La voix de ses parents continuait de la tourmenter même si elle est aujourd'hui dans la quarantaine, parce qu'elle n'avait jusque-là jamais réalisé qu'elle pouvait se démarquer d'eux en notant ses pensées pour voir si elles correspondaient réellement à ses propres valeurs.

Quand elle était petite, elle rêvait de se sauver de la prison dans laquelle ses parents la confinaient. Pour elle, l'argent représentait une porte de sortie, mais il était réservé aux hommes. L'argent était pour ceux qui étaient mieux qu'elle. Et les femmes qui gagnaient de l'argent n'étaient pas douces et féminines. En écoutant ses parents, toute une série de doubles contraintes s'était créée dans la tête d'Estelle. Jeune femme décidée, elle quitta la maison familiale, décida que l'attitude de ses parents ne convenait pas au monde moderne et, sans le réaliser, enterra leurs croyances dans les profondeurs de son inconscient de façon à ce qu'elles puissent continuer à la tourmenter pour le reste de sa vie.

Voilà une des raisons pour lesquelles les exercices de ce chapitre sont si utiles. Si vous avez vous aussi enterré dans votre psyché des héritages non voulus de votre enfance, vous les verrez peut-être refaire surface dans votre cercle de démons.

Que faire avec ces héritages ? La première étape consiste à reconnaître qu'ils existent. Regardez-les comme s'ils ne vous appartenaient pas. Ils ne sont que des idées puissantes dans votre tête. *Ils n'ont pas le pouvoir de la vérité.*

La deuxième étape consiste à s'en défaire. Nous examinerons, au chapitre 9, différentes techniques pour nous débarrasser de nos résidus et divers moyens de faire face aux voix de nos démons. En attendant, prenez en note ces pensées. Vous constaterez qu'être déjà conscient du fait que ces idées ne sont que les vestiges de votre enfance leur enlèvera du pouvoir et qu'elles commenceront à s'estomper.

Affronter votre ombre
Regardons ce que Barbara appelle une « énormité ». Elle se qualifie d'hypocrite, ce qui représente un défaut aux yeux de bien des gens. Cependant, ce qui est important pour vous ici n'est pas tant ce défaut particulier que de voir si vous découvrez vous aussi un défaut majeur dans votre personnalité et trouver le moyen d'y remédier.

Barbara ne nous révèle pas pourquoi elle se sent hypocrite, mais il suffit de regarder les détails de son cercle pour constater que les voix de ses démons la traitent de « *paresseuse intolérante et moralement faible* », et que ces commentaires désobligeants sont liés à ses relations avec ses deux filles et avec ses amies. Elle a peut-être l'impression de ne jamais révéler ses vraies pensées, ce qui rend ses relations profondément stériles.

Plusieurs personnes estiment elles aussi qu'elles doivent se comporter de façon hypocrite voire trompeuse au travail, ce qui peut miner leur sentiment d'intégrité. Si vous avez l'impression que c'est votre cas, il serait peut-être temps d'envisager un changement d'occupation. En vous forçant à être prétentieux et hypocrite, vous niez votre propre valeur en tant qu'être humain. Vous devez vous assurer de pouvoir vivre en accord

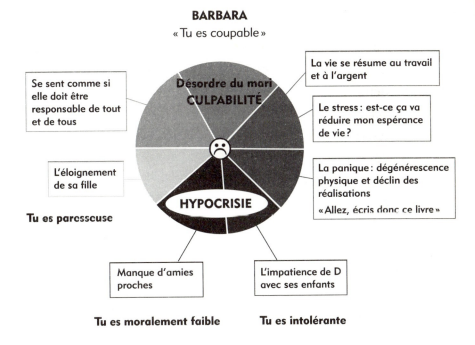

L'hypocrisie est une énormité : pourquoi la minimiser ? Affronte-la.

avec vos propres valeurs morales et de ne pas succomber à celles des autres si elles ne correspondent pas aux vôtres.

Mais Barbara est une femme mature, et il se pourrait qu'elle soit en train d'essayer d'affronter et d'assumer le côté plus sombre de sa nature. Nous avons tous un côté plus sombre, ce que Carl Jung a baptisé l'« Ombre ». L'Ombre renferme tous ces aspects de nous-même que nous ne voulons pas affronter, tous ces traits que nous détestons chez les autres et que nous sommes incapables d'accepter comme étant nôtres. Il est difficile de faire face à cette Ombre et cela requiert beaucoup de temps, en partie parce que nous ne voulons pas la voir. L'Ombre est encore plus puissante lorsque nous ne sommes pas conscient de sa présence, et elle résiste à tous nos efforts. Laissez-moi vous donner un aperçu de l'Ombre au travail. Toutes les bibliothèques se font voler, surtout les bibliothèques universitaires. Parmi les groupes d'étudiants, quels sont les pires, d'après vous ? La bibliothécaire de mon université m'a dit que ce sont les étudiants en sciences religieuses qui volent le plus grand nombre de livres. J'en ai été très surprise jusqu'à ce que je comprenne le *modus operandi* de l'Ombre.

Le problème est que toute bonne qualité possède aussi son mauvais revers. Les jeunes gens qui étudient les religions passent beaucoup de temps à réfléchir, à écrire et à prier pour pouvoir mener une bonne vie morale. Pour eux, le fait d'accepter que certains aspects de leur personnalité soient moins bons ou immoraux peut miner leur croyance en leur vocation. C'est ainsi que ces aspects moins bons sont refoulés aux confins de l'inconscient où, ignorés, ils peuvent prospérer dans l'obscurité. Lorsqu'un étudiant en sciences religieuses dérobe un livre à la bibliothèque, il n'en est pas vraiment conscient. Cela devient en quelque sorte pour lui quelque chose d'acceptable, parce qu'il sait très bien qu'il n'est pas le genre de personne à voler un livre. La psyché humaine possède de merveilleux outils pour se duper.

Barbara est décidée à ne plus se tromper. Elle veut affronter les parties malsaines et inacceptables de sa psyché. Son sentiment d'être hypocrite reflète bien entendu à la base un sentiment de culpabilité. Elle ne réussit jamais ce qu'elle entreprend alors qu'à son âge elle « devrait pourtant savoir », et elle laisse tomber tous ceux qui lui sont chers – incluant elle-même.

Si vous avez atteint cette étape de votre vie, vous avez peut-être constaté qu'un certain péché grave est apparu dans votre cercle de voix démoniaques, ce qui vous fera sûrement douter de vous et vous fera même vous trouver répugnant. Mais souvenez-vous que vous n'êtes pas seul. Nous avons tous un côté sombre, alors ne désespérez pas. Le chemin peut être long et difficile lorsque vous découvrez votre Ombre, mais vous pouvez apprendre à vivre avec. Et cette découverte vous aidera peut-être à finalement réaliser vos rêves les plus importants.

Le problème des futilités

Comme plusieurs des personnes que nous rencontrons dans ce livre, Barbara cultive une ambition secrète. Mais comme beaucoup de gens, elle n'a pas le temps de satisfaire ses propres désirs. Elle se sent coincée sur un tapis roulant car elle doit gagner sa vie, mais elle remarque que les relations qui devraient lui procurer du plaisir ne font qu'accroître son sentiment de culpabilité. Et pour rajouter à ses problèmes, il y a le désordre de son mari.

Pourquoi le désordre d'un mari tient-il une si grande place dans le cercle de Barbara ? Nous savons tous à quel point les habitudes de quelqu'un peuvent parfois nous irriter, surtout lorsque nous habitons avec cette personne. Si l'un d'entre vous est ordonné et que l'autre ne l'est pas, cela peut mener à un agacement insignifiant mais constant, qui peut devenir irritant au point de submerger tout le reste. Surtout si vous êtes une femme qui estime qu'il est de *votre* devoir de garder la maison propre et rangée. Surtout si vous êtes fatiguée et stressée. Il s'agit ici de collines qui se transforment en montagnes. Pour la personne affectée, cela est considérable.

La plupart d'entre nous ont vécu, à un moment ou un autre, une situation où une chose banale nous transforme d'une personne apparemment normale et sensée en une loque humaine pleurnicharde et désespérée. Vous essayez de faire face à des préoccupations importantes et voilà que quelqu'un rajoute soudain autre chose dont vous devez vous occuper, chose aussi insignifiante soit-elle, et c'est alors la goutte d'eau qui fait déborder le vase – cette chose est certes insignifiante, mais elle a un potentiel destructeur. Un mari désordonné, un enfant récalcitrant, une voiture qui refuse de démarrer, n'importe laquelle de ces situations peut vous faire perdre la tête.

Alors faites attention. Si vous vous trouvez dans une situation de stress permanent, prenez des précautions. Éclater en sanglots ou perdre patience peut vous faire culpabiliser, mais un accident de voiture sera bien plus grave. Et les accidents de voiture arrivent souvent aux gens hyper stressés comme Barbara.

Ambitions non réalisées

Vous constaterez dans le prochain – et dernier – exemple que le fait de vaquer à vos occupations, même avec succès, peut occasionner un stress important et miner votre confiance en vous si vous avez une ambition secrète non réalisée.

AFFRONTER VOS DÉMONS INTÉRIEURS

ELIZABETH
« Tu es un vrai fiasco »

Ce cercle est le mien, dessiné à l'été 2000, après une période au cours de laquelle, objectivement, j'avais connu beaucoup de réussite. L'université d'Exeter m'avait approchée pour que je donne des conférences et des ateliers ; j'avais témoigné comme expert pour plusieurs cas pénibles de soins et de gardes d'enfants ; mon livre sur la psychologie du raisonnement était maintenant disponible en livre de poche et j'avais reçu de nombreuses lettres et cartes d'anciens clients qui me donnaient des nouvelles de leur vie alors plus heureuse et me remerciaient pour mon aide. Mais, à l'intérieur, je ne ressentais pas cette réussite. Je travaillais de longues heures et je négligeais mes amis et ma famille. J'avais mal partout et j'avais l'impression de ne jamais gagner suffisamment d'argent. J'avais l'impression que tout ce que je faisais et essayais de faire était perdu d'avance.

Je me souviens du pincement de cœur ressenti quand j'ai réalisé que mes voix intérieures me disaient que je n'étais qu'« *un vrai fiasco* ». Ce sentiment dévastateur d'être inadéquate venait tout saper.

Il est vrai que je traînais encore des débris de l'enfance dont je devais me débarrasser. Mon père avait écrit dans mon cahier d'autographes, lorsque j'avais 14 ans : « *Rien n'est plus dégradant que l'échec. Sauf la réussite.* » Cette maxime extrêmement décourageante provenait de sa propre découverte qu'obtenir ce qu'il pensait vouloir l'avait rendu encore plus malheureux. Je connaissais son histoire, mais je n'avais pas réalisé que ses mots déprimants résonnaient encore dans mon inconscient. Il était préférable que je me perçoive comme un échec plutôt que de risquer le désastre de la réussite.

Mais la plupart des critiques désobligeantes exprimées par mes démons venaient du fait que j'étais de plus en plus consciente de passer tout mon temps à ne *pas* faire ce que je voulais, alors que la fatidique faux viendrait bientôt couper le fil de ma vie. Ce que je voulais vraiment faire, ce que j'ai même toujours voulu faire, c'est écrire des livres. Et comme je réussissais de mieux de mieux comme psychologue, je n'avais pas le temps pour écrire.

Vous arrive-t-il la même chose ? Nous entreprenons souvent des carrières prometteuses, mais constatons au bout de quelques années qu'une partie de nous-même demeure inassouvie. C'était mon cas. J'adore la psychologie. J'estime qu'il s'agit du meilleur sujet que l'on puisse étudier et j'aime énormément donner des conférences et des ateliers afin que les autres puissent aussi découvrir cette merveilleuse discipline. J'aime aider les gens qui sont en thérapie. Je suis heureuse de pouvoir être témoin-expert car je sais qu'il s'agit d'un service important. Mais j'avais néanmoins toujours l'impression de ne pas prendre en considération ce que je voulais vraiment dans mon for intérieur. Ce qui est bien évidemment l'objectif du programme de planification de vie.

Continuez rapidement

Maintenant que vous avez donné l'occasion à vos critiques intérieurs de faire valoir leur point de vue, il est temps de les mettre de côté un moment. Ces voix désobligeantes et mesquines ne doivent pas envahir vos pensées. Nous nous occuperons d'elles plus tard. Alors rangez votre cercle de voix démoniaques dans votre dossier et passez rapidement au prochain chapitre. Avant de faire une pause, réfléchissez d'abord au prochain exercice.

CINQUIÈME CHAPITRE

Le principe du plaisir

Contrairement à l'exercice précédent, vous aurez beaucoup de plaisir à faire l'exercice qui suit et vous devriez vous y attaquer aussitôt que vous aurez terminé de réfléchir aux voix démoniaques de votre cercle. Il n'est pas bon de les écouter trop longtemps et il donc important de faire cet exercice qui offre un antidote au poison qu'elles ont semé dans votre pensée.

Alors, tournez-vous vite vers les bonnes choses de votre vie.

EXERCICE 9

Une question de plaisir

Qu'est-ce qui vous procure du plaisir ?
Qu'êtes-vous en train de faire lorsque vous vous sentez en vie ?
Écrivez tout ce qui peut vous passer par la tête.

Thérèse avait dit : « Ah ! Ça c'est facile ! » Elle nous fit la lecture d'une longue liste de choses qui lui faisaient plaisir, et grâce auxquelles elle se sentait en vie : « *courir sous la pluie* », « *faire du sport* », « *recevoir des amis* », « *jouer de la flûte* », « *prendre un bain aux chandelles »*… L'atmosphère autour de la table s'allégea considérablement et les gens de son groupe se mirent à sourire. Ce rire parvint à chasser la déprime causée par l'exercice précédent. Le plaisir peut être contagieux, et Thérèse est chanceuse de pouvoir apprécier autant de choses.

Mais elle n'est pas la seule. Si ses plaisirs se résument à des *« libertés sensuelles »* (selon ses propres mots), d'autres personnes se sentent en vie de façon différente. Laissez les listes de plaisirs suivantes vous inspirer la vôtre. Voyez si vous pouvez trouver un mot ou une phrase résumant ce qui *vous* donne envie de vivre. Victoria (que vous n'avez pas encore rencontrée) a décrit ses propres plaisirs comme la sensation de se tenir *« les seins nus dans le vent »*, une image très évocatrice, mais peut-être pas au goût de tout le monde.

Pour *Lynne*, le plaisir d'être en vie se résume à *« participer, exécuter »* et elle aime :
Les plantes et la terre
Rire avec mon fils
Danser dans la cuisine
Faire danser les enfants avec moi
Faire des présentations
Faire bouger les choses
Résoudre des problèmes compliqués

Nathalie disait se sentir en vie lorsqu'elle combinait *le plaisir sensuel avec la communication*. Sur sa liste se trouvait :
Danser
Traduire en langage des signes

Les langues, les différences entre les mots
Chanter
Embrasser et me blottir contre mon copain
Mes enfants
Le théâtre
Faire des choses
La musique
Le toucher des beaux vêtements

Pour *France*, le plaisir représentait *la liberté* et, même si sa liste incluait « *être avec des amis* », ses plaisirs étaient essentiellement solitaires :
La nature
Être seule
Méditer
Être immobile, ne rien faire
La musique
Les conditions météorologiques extrêmes

Il existe des tas de façons d'apprécier qui vous êtes. La plupart des gens peuvent produire des listes assez longues de choses qui leur procurent du plaisir et qui leur donnent le goût de vivre.

J'ai récemment lu un article dans le magazine *She* intitulé « Le confort et la joie », dans lequel on demandait aux gens – célèbres ou non – de décrire leur façon d'être joyeux à Noël. La variété des sources de plaisir était énorme :

- Lorsqu'il commence à faire froid dehors, me blottir sur le canapé, enveloppée dans mon grand châle de cachemire.
- Fermer la porte d'entrée lorsque je rentre du travail, rester immobile et écouter le silence.
- Passer des heures à emballer bien joliment mes cadeaux – l'extérieur a souvent meilleure apparence que le cadeau lui-même.
- Chaque matin lorsque je me lève, me glisser silencieusement dans la chambre de mes petits garçons et les regarder dormir. Le seul fait de les voir me rend extrêmement heureuse.
- Retrouver ma famille après une absence. Ça et un verre de champagne.
- Faire une promenade un soir d'hiver lorsqu'il fait noir et que les flocons de neige brillent sous les lampadaires – il faut avoir un cœur de pierre pour ne pas être ému.

Je cite la rédactrice de *She* : « La joie n'est pas compliquée. Le confort ne coûte rien. Ce sont des odeurs, des saveurs, des émotions… des choses simples. »

Éprouvez-vous des difficultés ?

Si vous êtes incapable de trouver ce qui vous plait et qu'aucune des choses énumérées dans ces listes ne suscite le moindre frisson de joie en vous, alors vous êtes peut-être sérieusement déprimé.

Essayez de penser tour à tour à chacune des cinq phrases suivantes – au moins l'une d'entre elles devrait représenter une source de plaisir.

- Que voyez-vous qui vous procure du plaisir ? Qu'est-ce qui représente un régal pour vos yeux ?
- Quels sons vous procurent de la joie ?
- Quand éprouvez-vous du plaisir lorsque quelque chose touche votre corps ? (Oui, faire l'amour compte.)
- Quels goûts vous enchantent ?
- Quels odeurs, fragrances ou parfums vous plaisent ?

Mais le plaisir n'est pas seulement sensuel. Nos pensées peuvent aussi stimuler notre cerveau et provoquer un bien-être physique. (Malheureusement, le contraire est aussi vrai et les pensées négatives peuvent avoir des effets négatifs, c'est d'ailleurs pourquoi il est important de mettre l'emphase sur le plaisir.) La plupart des gens constatent que leur liste comprend aussi ces qualités humaines uniques liées à l'intelligence et au rire. Alors, demandez-vous aussi :

- Qu'est-ce qui vous fait vous sentir en vie et heureux de stimuler votre cerveau ?
- Quelles sont les choses qui vous font vraiment rire ?

Si après toute cette réflexion vous estimez toujours ne rien ressentir, vraiment rien du tout, alors je vous recommande de prendre rendez-vous avec votre médecin et de lui dire que vous avez besoin d'aide.

Tous les gens qui ont fait le programme de planification de vie avec moi ont été en mesure de faire une liste de choses leur procurant du plaisir. Même Martin, dont la première réaction a été : « Je suis incapable de faire ça. » Martin ressentait encore énormément de frustration et de colère de ne pas avoir pu faire par le passé les choses qu'il aimait. Mais nous l'avons persuadé d'essayer et voici ce qu'il a produit :

Martin
Accomplir quelque chose qui en vaut la peine
Aider les gens
Être indépendant
Être autonome
Le modelage
Écrire
Réfléchir

Vous avez peut-être remarqué que plusieurs des plaisirs énumérés peuvent être appréciés seul. Ceci est à la fois important et valable, car si votre bonheur et votre appréciation de la vie sont basés uniquement sur les autres, vous serez toujours vulnérable et jamais content d'être seul. Ceci ne dénigre pas l'importance des autres. Après tout, nous sommes des êtres sociaux et la solitude et l'isolement peuvent aussi être douloureux. L'emprisonnement cellulaire est même l'une des pires formes de torture psychologique.

Mais la vie se vit aussi à l'intérieur de nos propres corps. Tous nos sens – la vue, l'ouïe, le toucher, le goût, l'odorat – alimentent notre capacité à pouvoir ressentir de la joie, du ravissement et du bonheur. Et ressentir ces plaisirs est essentiel à votre bien-être.

Le plaisir : la clé de la santé mentale

J'ai découvert que la clé de la santé mentale réside dans la faculté d'octroyer à votre corps et à votre esprit au moins 30 minutes par jour durant lesquelles ils peuvent oublier les pressions du quotidien. Avoir du plaisir est le meilleur moyen d'accomplir cela. La chimie de notre corps en a besoin. Tout comme nous avons besoin de sommeil pour trier les expériences de la journée et réorganiser nos banques de mémoire, nous avons besoin aussi de restaurer les équilibres chimiques de notre corps en permettant à nos sens d'envoyer des messages de bien-être à notre cerveau.

Pendant que nous sommes occupés à vivre notre vie, notre cerveau nous garde en alerte et prêts à passer à l'action grâce à l'adrénaline, cette hormone de stress bien connue. Mais quand vient le temps de nous arrêter, si nous n'envoyons pas les bons messages à notre cerveau, cette hormone continuera de circuler dans notre système sanguin, nous empêchant alors de relaxer correctement et interférant même avec notre sommeil. Si nous vivons constamment avec des taux d'adrénaline élevés, notre santé en pâtira. Et le plaisir est le meilleur moyen d'éviter les surdoses d'adrénaline.

Le plaisir commande au cerveau de réduire l'adrénaline et d'augmenter les taux de sérotonine, une substance chimique naturelle qui rehausse le sentiment général de calme et de joie. La sérotonine est le Prozac de la nature : une automédication écologique que nous contrôlons et qui n'a aucun effet secondaire.

Le plaisir est important. Nous avons tous besoin de plaisir. Vous devez vous assurer de faire chaque jour quelque chose qui vous procure du plaisir pendant au moins 30 minutes. Peu importe la nature de l'activité choisie tant et aussi longtemps que vous tirez un sentiment de bien-être perceptible dans tout votre être. C'est la raison pour laquelle il est important de savoir quelles activités – ou non-activités comme « ne rien faire », pour reprendre les paroles de France – vous donnent l'impression d'être en vie.

Je sais que certains d'entre vous estiment que vous ne méritez pas de vous gâter et de jouir de la vie. Mais si vous attendez de mériter votre bonheur, vous ne serez peut-être jamais prêt à en faire l'expérience. Souvenez-vous de ces voix mesquines et critiques dans notre tête. Elles peuvent faire en sorte que jamais vous ne pensiez qu'il est enfin temps de penser à vous.

Soyez conscient de la façon dont vous vous empêchez d'atteindre la sérénité. Notez tous les moments où vous trouvez des raisons – aujourd'hui, entre autres – pour ne pas vous offrir un moment de plaisir sensuel. Nous le faisons tous, mais cela est une erreur. Prendre 30 minutes sur 24 heures n'est rien et, s'il en fait vraiment l'effort, chacun de nous est en mesure de prendre ce temps pour s'occuper de lui.

Souvenez-vous toujours de votre liste de sources de plaisir. Regardez-la régulièrement et choisissez chaque jour un de ses points. Après un certain temps, vous vous sentirez merveilleusement bien et pas le moindrement coupable. Parce que c'est ce dont vous avez *besoin*. Et tous les gens qui vous entourent en bénéficieront.

SIXIÈME CHAPITRE

Dessiner votre vie

Nous vous demandons ici de faire appel à une autre partie de votre cerveau. Au lieu d'écouter les voix de votre pensée, cet exercice vous invite à utiliser votre imagination visuelle. Quelles images vous viennent à l'esprit lorsque vous regardez votre vie ? De quelle façon pourriez-vous traduire visuellement votre vie ? Vous découvrirez que le plus simple des dessins, même un diagramme, peut révéler des aspects de votre vie dont vous devez prendre conscience si vous voulez cesser de rêver et commencer à vivre.

EXERCICE 10

Faire des dessins

Dessinez l'image de votre vie.

Ce chapitre est rempli de diagrammes et d'images et il serait tentant de regarder de quelle façon les autres ont dépeint leur vie. Mais avant d'aller plus loin, réfléchissez à la façon dont *vous* dessineriez l'image de votre propre vie.

Que vous sachiez dessiner ou non n'est pas important. Ce que vous voulez, c'est découvrir la façon dont vous considérez votre vie jusqu'à maintenant. Rappelez-vous le dessin de Diane que j'ai mentionné au chapitre 3. Elle avait dessiné une image très suggestive de la façon dont elle se voyait à l'époque : artiste peintre et encerclée par tous les gens de son entourage : ses enfants, son mari, ses amies.

Certaines personnes font des bandes dessinées illustrant des épisodes importants de leur vie. D'autre ne produisent que des diagrammes.

Alors essayez. Et seulement si vous avez besoin d'inspiration, jetez un coup d'œil aux exemples ci-dessous.

La vie en ligne du temps

L'approche la plus simple est la ligne du temps. Voici comment Irène et Thomas ont dessiné leur image de vie.

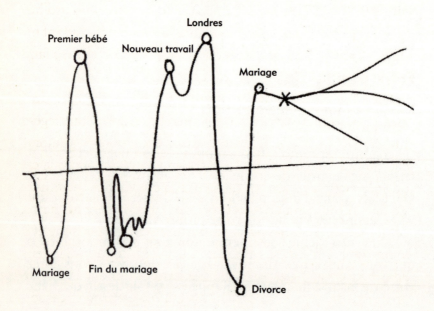

Irène perçoit sa vie comme une suite de sommets et de profondes déprimes. Chaque fois qu'elle atteint un pic heureux, la vie l'assomme à nouveau et l'entraîne dans la dépression.

Dans ce dessin, elle commence sa vie au milieu, puis sombre dans une profonde dépression suite à un mariage qui la rend malheureuse. Chacun des sommets et des creux est nommé – le premier sommet est la naissance de son premier bébé, un grand bonheur. Puis la courbe redescend lorsque son mariage se termine et remonte à nouveau lorsqu'elle trouve un nouveau travail et déménage à Londres, deux étapes qui la rendent alors heureuse et contente d'être en vie. Un autre déclin rapide et abrupt se produit lorsqu'elle divorce, une étape qui fut, d'après elle, la pire période de sa vie. « Quiconque a traversé un divorce ne recommanderait l'expérience à qui que ce soit », dit-elle. Puis elle se remarie et cette fois-ci l'union la comble, ce qui constitue un autre sommet de sa vie. Elle se trouve aujourd'hui à la croisée des chemins, indiquée par un X, se demandant où aller et quoi faire pour demeurer au sommet. Elle espère faire le bon choix, mais n'a pas vraiment confiance.

Ces fossés et ces pics montrent une perception assez dramatique de ses mésaventures personnelles ainsi qu'une légère autodérision. En terminant son dessin, elle ajouta : « Ça alors ! J'ai toujours su que ma vie était un vrai feuilleton, mais là est ridicule. Regardez, je suis vraiment à la croisée des chemins. »

Son humour était contagieux et tout le monde se mit à rire. Le rire est en effet une partie importante de la vie d'Irène et il se retrouve d'ailleurs au haut de sa liste des choses qui la rendent heureuse. Nous verrons plus tard comment le fait de prendre conscience de sa tendance à dramatiser et de son amour à faire rire les autres vont devenir importants pour Irène à la fin de son programme de panification de vie.

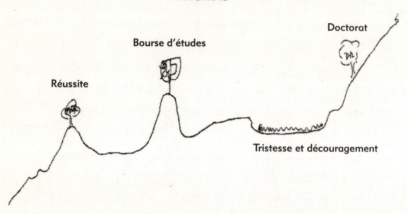

L'approche de Thomas est assez semblable, mais ses creux et ses sommets ne sont pas aussi dramatiques que ceux d'Irène. Il a lui aussi nommé les sommets : le premier désigne un triomphe réalisé dans l'enfance, le deuxième le décrochage d'une bourse d'études de l'université d'Oxford (ce qui ressemble à une chope de bière est en fait l'emblème de son université !). Il semble avoir passé une bonne partie de sa vie d'adulte dans un état de tristesse et de découragement, mais il s'en est sorti, est retourné à l'université, a obtenu son doctorat puis a apparemment continué à progresser. Voilà un dessin très positif qui grimpe jusqu'au bord de la page, indiquant que Thomas envisage sa vie de façon optimiste à ce moment-ci.

Il a aussi fait une découverte : « Je n'avais jamais vraiment réalisé à quel point j'ai toujours été orienté vers les réalisations. »

La vie en graphique

Bernard nous offre une ligne du temps plus élaborée et fortement influencée par son expérience dans le milieu des affaires où l'on retrouve souvent des graphiques avec plusieurs courbes.

BERNARD

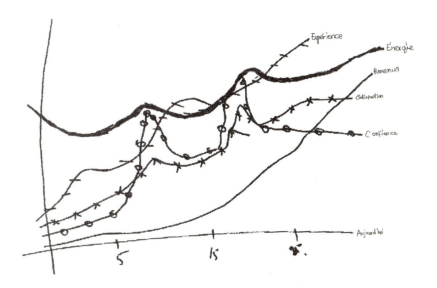

Vous pouvez observer qu'il a identifié chacune de ces courbes. Il constate que ses revenus augmentent rapidement en fonction de son expérience et que son énergie demeure constante ou s'améliore. Cependant, sa satisfaction ne tient pas la route et sa confiance en lui chute.

Bernard savait jusqu'à un certain point qu'il se sentait ainsi. Mais avant d'avoir lui-même dessiné ce graphique, il ne s'imaginait pas à quel point son bonheur et sa confiance en lui déclinaient. C'est à ce moment qu'il réalisa clairement ce qui l'avait amené à entreprendre le programme de planification de vie.

Trouver votre paysage intérieur
Rose a associé l'idée de ligne du temps à un dessin d'elle-même. Elle a dessiné sa vie comme une série de montagnes qu'elle doit continuellement escalader.

ROSE

La voici qui grimpe seule, d'un pas ferme, portant un sac énorme, les montagnes s'étendant toujours plus hautes devant elle. Elle semble assez joyeuse et déterminée, mais le chemin paraît ardu.

Rose avait mentionné se sentir constamment comme si elle ne pouvait jamais « s'asseoir sur ses lauriers », mais elle n'avait jamais réalisé à quel point les montagnes se dressaient aussi loin dans sa tête. Elle décida qu'il était temps de trouver un moyen de changer le paysage de son imagination.

La vie en bande dessinée

De nombreuses personnes associent la ligne du temps à des dessins pour créer une bande dessinée montrant les petites scènes de tous les événements importants de leur vie. Jeanne en a produit un exemple parfait et, même s'il nous est impossible de suivre tous ces événements (parce qu'elle ne nous a pas tout dit), nous constatons qu'elle a bien illustré sa vie qui s'étale de sa naissance jusqu'à son dix-huitième anniversaire, un moment qui semble important pour elle puisqu'à 18 ans elle estime être une adulte capable de faire des choix.

JEANNE

Elle débute avec elle-même bébé dans son landau. Puis nous voyons les avions qui l'ont conduite autour du monde dans les différents endroits où elle a vécu. Elle montre sa famille heureuse qui se sépare. Nous voyons ensuite son premier amour et les larmes de son petit copain lorsqu'elle doit partir pour l'université. Nous la voyons triste, entourée de stylos, de feuilles et de livres. Puis elle réapparaît dans une famille heureuse et enfin à Noël, peu de temps avant cet anniversaire important à partir duquel, selon elle, elle pourra décider de ce qu'elle veut réellement faire.

Le temps qui s'arrête

Dorothée n'a pas voulu utiliser la ligne du temps, elle a plutôt produit une image globale de la façon dont elle voit sa vie maintenant. Elle s'est servie de crayons de couleurs et chaque couleur semble avoir une signification (malheureusement impossible à reproduire ici).

La première chose que nous constatons, c'est que Dorothée ne s'est pas donnée de visage et donc pas d'yeux pour voir, de bouche pour parler ni d'oreilles pour entendre. Elle n'a même pas de jambes pour se déplacer. Elle est au centre de la scène, mais elle ne ressent que douleur et oppression. Il s'agit d'une bien triste image.

Voici l'explication qu'a donnée Dorothée :

« Le personnage au centre, c'est moi. Et au-dessus de moi, il y a un gros nuage noir de soucis, de responsabilités et de douleurs intérieures (à la fois physiques et émotionnelles). Les personnages en orange (sur la gauche) sont mon mari et ma mère, qui exigent beaucoup de moi mais qui donnent en retour.

DOROTHÉE

Les gribouillis en brun représentent le fardeau de l'argent, du travail, des factures, etc. Le turquoise est ma couleur «spirituelle», et donc le bleu et le jaune (au-dessus au centre et à droite) représentent mon travail de méditation, la lecture, le reiki, etc., des activités qui me procurent beaucoup de joie, de paix et d'espoir. Cela m'aide à continuer de ressentir de l'amour (cœurs) pour le côté "responsabilités" de ma vie et me donne l'espoir qu'un jour tout finira par se régler. Le grand cœur représente l'importance que j'attache à l'amour et, sur la droite, se trouvent les livres qui m'inspirent et tous les amis ou les gens comme vous que je rencontre et qui m'apportent de l'amour, de l'aide et du soutien. Il y a beaucoup d'espace vide – ce qui, je crois, signifie qu'il me manque beaucoup de choses. Je travaille encore à essayer de mettre tous ces morceaux ensemble pour me créer une vie idéale. »

Notez bien que Dorothée n'était pas totalement consciente de tout cela lorsqu'elle commença à dessiner sa vie. Elle découvrit des choses importantes en travaillant sur son dessin, et, plus tard, en me le montrant et en l'interprétant pour moi.

Voilà la valeur qu'offre le fait de dessiner votre vie telle que vous la voyez. Certains aspects que vous connaissiez émergent à un autre niveau, et vous n'en prenez véritablement conscience que lorsque vous regardez ce que vous avez produit.

Faire un portrait

Lorsque Estelle fit l'exercice, elle produisit non pas une, mais trois images de sa vie : son enfance, sa vie de jeune adulte et maintenant.

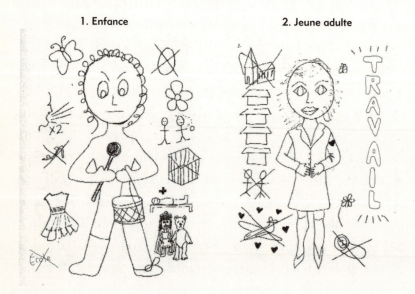

Son premier portrait est dessiné au crayon, « ce qui est probablement révélateur », dit-elle. Elle dit ne pas avoir eu une belle enfance, mais elle semble plutôt forte, se tenant bien droite, un tambour à la main. Le second portrait est aussi dessiné au crayon, mais elle y a ajouté des touches de couleurs – les

3. Maintenant

lettres du mot TRAVAIL sont tracées en jaune car elle aime son travail, plusieurs petits cœurs rouges entourent un avion, ce qui représente un amour perdu, et un gros cœur rouge est dessiné sur sa manche. Sa vie d'aujourd'hui est dessinée avec des crayons de couleurs, ce qui est plus difficile à reproduire ici, et présente un portrait beaucoup plus heureux. Son mari, leur jeune fils et elle se tiennent par la main et un gros cœur symbolisant l'amour trône au-dessus d'eux comme un soleil. Elle a dessiné leur maison dans le coin gauche, un arbre en fleurs à droite et une rivière pleine de poissons – deux symboles majeurs d'une vie épanouie – et le papillon que l'on retrouvait déjà dans les deux autres dessins est maintenant en couleurs. Elle termina en dessinant le sentier de leur avenir débordant de la page, un beau gros papillon très coloré ainsi qu'une flèche pointant vers les étoiles et la lune.

Plus tôt, Estelle avait admis se sentir en colère, seule et triste. Mais au plus profond d'elle-même, son image de sa vie actuelle était très positive. Contrairement à Dorothée, qui affichait un air insouciant mais dont les dessins démontraient à quel point elle était opprimée par la tristesse et la déprime, Estelle estime maintenant avoir une vie riche et satisfaisante, qu'elle peut encore choisir d'améliorer en agissant pour elle-même.

Trouver le sens

Vous remarquerez qu'il existe différentes façons de représenter sa vie. Aucune ne présente la « bonne » façon. Chacune a un objectif précis pour la personne qui l'a choisie. Votre propre représentation devrait surgir de votre psyché et devrait *vous* convenir.

Si vous laissez aller votre inconscient et exécutez cet exercice sans trop faire interférer votre raison (qui pourrait empêcher votre imagination de s'emballer), vous produirez un dessin qui devrait vous renseigner sur votre situation actuelle.

J'ai fait cet exercice à différents stades de ma vie et, chaque fois, j'ai employé une technique différente. La première fois, j'ai dessiné une simple ligne du temps avec des creux et des pics, semblable au dessin d'Irène; puis j'ai essayé la bande dessinée; et finalement, j'ai réalisé un portrait global de la façon dont je perçois ma vie maintenant. Le voici.

ELIZABETH

Une fois le dessin terminé, j'ai réalisé que ma vie était plutôt comme je la voulais. Elle est statique. Me voici assise à mon bureau, devant mes livres et mon ordinateur, mon mari à mes côtés. Mon passé est représenté par mes enfants et mes petits-enfants, occupés à vivre leur vie sans dépendre de moi, et je constate que j'ai inclus dans mon dessin une ébauche plutôt gauche de la merveilleuse sculpture en sucre de ma fille Akita, que j'admire. Dans le coin, se trouve mon jardin très profond, qui représente mon approche préférée de l'exercice physique régulier. Et puis il y a le chat. Lorsque j'ai regardé ce portrait de ma vie, je me suis dit : « Je suis une femme comblée. »

Mais cette image statique m'a aussi montré pourquoi je me sentais frustrée. Elle incluait tous les éléments importants de mon passé et ceux agréables de mon présent, mais ne montrait aucun signe d'avenir.

Vous en êtes peut-être au même point que moi, ou bien vous vous reconnaissez plus facilement dans la situation de Diane, emmurée par les demandes et les attentes des autres. Ou dans celle de Bernard, en proie à la peur de l'échec pour son avenir, ou d'Irène, qui se trouve à la croisée des chemins sans avoir de carte routière pour la guider. Quel que soit le portrait de votre vie, l'important est de prendre conscience de la façon dont *vous vous voyez*. Peu importe ce que disent les autres de votre situation. Ce qui compte, c'est la façon dont *vous* voyez votre vie.

Où sont les démons ?

Lorsque vous aurez achevé votre dessin, ressortez votre cercle de voix démoniaques. Vos démons se retrouvent-ils dans votre portrait ? Ou avez-vous réalisé un dessin qui ne les inclut pas ?

Voici un moment important car vous allez voir si vous avez dépeint vos démons intérieurs et, éventuellement, à quel point. Quelle que soit la réponse, elle peut être très importante pour vous dans les prochains chapitres.

Le dessin de Bernard est une représentation exacte de la façon dont il se sent dans sa vie en ce moment, et ses inquiétudes et ses craintes apparaissent dans son graphique. Ceci est un bon exemple de la façon dont un homme très rationnel peut analyser ses émotions. À l'aide d'une technique graphique avec laquelle il est familier, il concrétise ses émotions afin de les voir et de les découvrir pleinement. Ses démons font partie de son quotidien, de sa situation actuelle – ainsi les sentiments qu'ils provoquent (manque de confiance, tristesse croissante) sont représentés. Il faut donc s'y opposer avec des moyens actifs et les exercices et techniques que vous trouverez dans les prochains chapitres vous aideront à l'accomplir.

Dorothée constate elle aussi que ses démons sont inclus dans son dessin, et qu'ils sont donc présents dans sa vie actuelle. Cependant, à sa gauche (un repère important en termes de changement intérieur) et au-dessus d'elle (un autre détail tout aussi important) est symbolisé de ce qui lui donne de l'espoir. Comme elle a été capable de représenter une grande partie de sa vie de façon positive, elle trouvera la force de lutter contre ses démons de façon plus efficace.

Un dessin comme celui d'Irène est plus difficile à interpréter. Je saisis que la croisée des chemins signifie qu'elle est consciente de l'influence des démons, mais n'est pas certaine du pouvoir qu'ils ont sur sa vie. Dans mon propre dessin, on discerne aussi l'influence des démons qui empêchent l'action. Je peux donc me complaire dans le plaisir d'avoir un mari, des enfants et des petits-enfants aimants, d'apprécier ma réputation de psychologue et de jouir des plaisirs de mon jardin, mais je sais que je dois aussi aller de l'avant, que je dois sortir de cette jolie situation statique et entreprendre quelque chose de positif pour publier mes livres. L'influence de ces démons doit être neutralisée et ils doivent être anéantis par les divers exercices et techniques exposés aux chapitres suivants.

Ceux et celles dont les dessins sont essentiellement heureux constateront que plusieurs – et peut-être la plupart – de leurs démons ne sont plus que des sottises dont on peut facilement se débarrasser.

Estelle incarne l'exemple parfait de quelqu'un dont les démons peuvent être exorcisés afin de lui permettre de jouir pleinement de la vie heureuse qu'elle a dessinée. Dans le chapitre 9, vous découvrirez ce qu'Estelle et vous pouvez faire pour vous débarrasser des voix exaspérantes de vos parents ou de vos professeurs.

SEPTIÈME CHAPITRE

Découvrir vos pouvoirs personnels

Le temps est maintenant venu d'examiner toutes les compétences, habiletés et aptitudes que vous possédez. Elles sont les manifestations de vos pouvoirs personnels. Lorsque vous serez totalement conscient de vos talents et des rôles dans lesquels vous excellez, vous pourrez mieux déterminer comment diriger vos forces vers des objectifs qui vous permettront de cesser de rêver et de commencer à vivre.

EXERCICE 11
Identifier vos forces

Dans quoi excellez-vous ?
Quels sont vos talents ?

Faites pour chacune de ces questions une liste du plus grand nombre de choses possibles.

Vous avez peut-être l'impression que ces deux questions ne font qu'une, mais réfléchissez-y de ces deux façons car cela peut vous aider à penser à d'autres aspects de vos capacités. Certains points de cette liste se trouvent peut-être déjà sur votre liste « *Qui êtes-vous ?* » de l'exercice 1. Si vous avez inclus des compétences et habiletés dans votre autoportrait verbal, cela est excellent, mais veuillez les énumérer à nouveau ici, sur une nouvelle feuille de papier.

Cet exercice est conçu pour vous aider à explorer les pouvoirs qui sont enfouis dans votre psyché, afin que vous puissez comprendre et apprécier ce que vous faites vraiment bien, ce dans quoi vous excellez et quels sont vos talents naturels. Nous avons tous des faiblesses – elles sont comme la face cachée de la lune ou l'envers de la médaille –, et il nous faut donc savoir comment les protéger à l'aide de nos forces. Donnez à votre esprit l'occasion d'être créatif avec vos connaissances, vos compétences et vos talents afin de bénéficier de tous ces pouvoirs spéciaux le moment venu de faire des changements dans votre vie.

Si vous êtes certain d'avoir songé à tout ce que vous êtes capable de faire, à tout ce que vous aimez et à ce dans quoi vous avez des compétences – même qu'à ce que vous aimeriez apprendre parce que vous savez que vous seriez doué pour ça –, le moment est alors venu de réfléchir à ce que ces compétences vous disent sur vous-même en relation avec le monde.

Êtes-vous un piquet carré ou rond ?

Prenons maintenant deux personnes qui sont comme ces fameux piquets carrés que l'on essaie d'insérer dans des trous ronds : Marc et Jeanne. Il n'est pas surprenant que ces deux jeunes personnes aient des problèmes, car leurs parents les encouragent à faire une activité pour laquelle ils n'ont pas les compétences requises. Leur histoire peut vous aider à mieux comprendre vos difficultés. Nous avons des forces dans divers domaines, et il est psychologiquement prouvé que les gens ont tendance à utiliser leur intelligence de plusieurs façons.

Marc avait mentionné ceci : « *J'ai de la facilité avec les gens, à me faire des amis. J'aime faire rire les gens. Les gens pensent que j'ai du talent pour cela* ». Si vous avez de la facilité à vous faire des amis, à les divertir ou les faire rire, vous devriez réaliser qu'il s'agit d'un atout que peu de gens possèdent. Marc se sentit moins tendu lorsqu'il réalisa qu'il possédait un talent réel. Il venait souvent en aide aux nouveaux venus qui n'affichaient pas une telle facilité. Malheureusement, les professeurs ont tendance à ne pas faire confiance à un élève populaire qui semble préférer faire le clown plutôt qu'étudier. Mais Marc doit connaître ses forces ainsi que ce que les autres perçoivent comme ses faiblesses. Jeanne semble aussi avoir de grands talents pour communiquer avec les gens et sa plus grande motivation est « de bien s'entendre avec les autres ».

Ainsi, puisque Marc et Jeanne ont des compétences pour comprendre les gens, il est fort probable qu'ils éprouvent des difficultés avec la logique plus formelle qu'imposent les sciences ou les mathématiques, ainsi qu'avec les études. En effet, la compréhension des gens et celle des sciences utilisent essentiellement des logiques opposées.

Les types raisonnement et sentiment

Voici un aspect de la théorie des différences psychologiques de Carl Jung que je vais tâcher d'expliquer le plus simplement et le plus brièvement possible. Jung affirmait qu'il y a deux façons opposées d'évaluer le monde dans lequel nous vivons, et toutes les deux ont leur propre logique interne : la première est ce qu'on appelle le *raisonnement*, qui fonctionne avec une logique rationnelle et qui se préoccupe des causes et des effets ; la seconde est ce qu'on appelle le *sentiment*, qui fonctionne avec la logique des valeurs. Marc et Jeanne sont des personnes de type sentiment, et ils éprouvent tous deux des difficultés avec leur travail à l'école ou à l'université lorsque leurs moindres compétences en raisonnement rationnel sont sollicitées.

TYPE RAISONNEMENT

Aime la logique formelle, le cause à effet
Est rationnel, essaie de trouver des solutions logiques
Est objectif, détaché
Cherche de l'information avant de prendre une décision
Aime régler les problèmes
S'imagine que tous les gens devraient être en mesure de suivre son raisonnement
Aime la discussion et le débat
Peut exceller en mathématiques, en sciences, en génie
Peut être déconcerté par les émotions

Marc éprouve une difficulté supplémentaire car il ne cadre pas avec les stéréotypes masculins et féminins : les hommes sont *censés* préférer la pensée rationnelle et ne sont pas à l'aise avec la logique des émotions. Comme je le mentionnais dans mon livre *War of Words : Men and Women Arguing,* le fait d'être affublé d'un rôle sexuel stéréotypé lorsque vous savez très bien que vous ne correspondez pas du tout à cette image peut vous faire crier de frustration. Ce pauvre Marc désespérait de plus en plus de ne pouvoir répondre aux attentes de ses parents et de ses professeurs, qui exigeaient qu'il excelle dans ce qui, pour lui, était un mode de raisonnement incompréhensible. Il n'est donc pas surprenant qu'il soit convaincu de ne pas être assez intelligent pour réussir ses examens. Il *est* intelligent – même plus que la moyenne –, mais son approche d'évaluation préférée le rend plus compétent pour des matières comme la littérature, l'histoire et peut-être même la psychologie que pour des domaines formellement logiques comme les mathématiques et les sciences.

TYPE SENTIMENT

Utilise des jugements de valeur dans ses choix
Excelle dans la logique des sentiments humains
Démontre de l'empathie
Écoute au lieu de poser des questions
Aime savoir comment les autres évaluent une situation
A tendance à s'imaginer que les autres vont donner en retour
Insiste rarement sur un seul moyen
N'aime pas les conflits, recherche l'harmonie
Peut se sentir décontenancé par un argument rationnel
Peut avoir peur des sciences et des mathématiques

Jeanne possède aussi une intelligence au-dessus de la moyenne et sa facilité avec les gens lui vient en aide pour étudier les langues. Cependant, cela ne signifie pas qu'elle sera à l'aise avec l'approche académique et disciplinée requise à l'université, où elle doit faire preuve d'une forme de logique qu'elle ne saisit pas complètement. En le sachant, elle peut cesser de se fustiger de ne pas aimer les études académiques – c'est son côté faible, pourquoi aimerait-elle cela ? – et trouver quelque chose qui fait appel à son talent avec les gens ou à ses autres capacités.

Il est très utile de savoir quelle méthode vous préférez utiliser pour évaluer et prendre des décisions. Si vous êtes de type raisonnement, vous essayez probablement d'évaluer le pour et le contre, vous posez de nombreuses questions, vous essayez de trouver une solution logique et pouvez être très critique envers ceux qui ne comprennent pas votre juste façon de voir les choses. Par contre, si vous êtes de type sentiment, vous êtes plus enclin à faire confiance à votre propre idée face à une situation et utilisez des jugements de valeur dans vos choix. Et si une décision implique d'autres gens, vous avez besoin de savoir s'ils seront contents de la décision rendue et vous rangerez probablement de leur côté plutôt que d'insister sur votre préférence.

Plusieurs d'entre vous se reconnaîtront dans l'une de ces descriptions. Cependant, d'autres ne s'y retrouveront pas, parce qu'ils savent qu'ils utilisent les *deux* approches pour prendre une décision. Votre type de réaction peut aussi dépendre de votre âge. En principe, nous naissons tous avec une tendance à préférer telle façon d'évaluer le monde, mais il est possible en vieillissant de développer jusqu'à un certain point la préférence inverse. Marc et Jeanne sont encore jeunes et il est donc tout à fait possible et normal qu'ils ne puissent pas utiliser leur habileté de raisonnement de façon adéquate, ce qui est dommage, car c'est précisément cette habileté qui est généralement requise dans le milieu académique. Ce retard de développement du type raisonnement contribue donc souvent à la détresse de plusieurs jeunes gens.

Les types perception et intuition
En plus des façons opposées d'évaluer et de décider, Jung a constaté qu'il y avait deux façons opposées de percevoir le monde. Nous absorbons évidemment l'information sur ce qui nous entoure grâce à nos cinq sens, mais de la même façon que certaines personnes préfèrent le toucher et le sensible, d'autres observent et d'autres encore écoutent. Il semblerait donc que nous ayons différentes façons d'examiner le monde extérieur.

Vous avez peut-être entendu parler du dicton « Quand les arbres cachent la forêt. » Certaines personnes ont tendance à remarquer les détails de chaque arbre ; d'autres vont voir l'arbre en entier, mais sans en distinguer les éléments et les caractéristiques distinctes qui fascinent les autres. Les gens qui sont *arbres*, qui remarquent ces détails, utilisent ce que Jung appelle la faculté de *perception* : leurs sens les informent de façon efficace de chaque attribut, comme s'ils utilisaient la fonction zoom d'un appareil photo. Évidemment, si vous regardez de trop près, il sera plutôt difficile de voir l'ensemble du portrait. Les gens qui sont *forêt*, par contre, distinguent rarement les détails parce que leur appareil photo est en mode grand angle, ce qui rend les détails spécifiques plus flous. Ils utilisent ce que Jung appelle la faculté *d'intuition*.

TYPE PERCEPTION

Individu *arbre* conscient des détails
A une perception détaillée efficace de tous ses sens
Se concentre sur ce qui est « vrai », tangible, actuel
Organisé, soigné, n'aime pas le désordre
Aime connaître les faits et déteste aller au-delà de ce qui est connu
Pratique, aime faire fonctionner les choses
Apprend grâce aux expériences pratiques
Aime les façons traditionnelles de faire les choses

Si vous ne savez pas encore laquelle de ces deux facultés vous préférez – et plusieurs d'entre vous liront ceci et se reconnaîtront –, il est facile de le savoir en réfléchissant à ce que vous faites bien *et* à ce que vous faites mal.

Estelle, par exemple, a écrit « propre et soignée, organisée » dans ses compétences. Avec de telles habiletés, elle est certainement une personne de type perception. Les gens de type intuition ont tendance à créer du fouillis voire même le chaos autour d'eux, et ils estiment que les *choses* sont plutôt nuisibles. Mais Estelle nous a dit qu'elle maintenait ses choses en ordre et détestait le désordre: les gens de type intuition, eux, ont tendance à s'épanouir là ou le désordre est toléré.

TYPE INTUITION

Individu *bois* conscient de l'ensemble du portrait
N'est souvent pas immédiatement conscient de l'apport de ses sens
Aime trouver des liens, un sens plus large
Adore les séances de remue-méninges
Est souvent en mesure de « ressentir l'ambiance » d'une rencontre ou d'un groupe
Peut « savoir » des choses sans être capable de dire pourquoi
A tendance à être désordonné, semble travailler dans le chaos
Aime les nouvelles idées et le changement dans son intérêt

Alors, quelle est votre façon préférée de recueillir de l'information sur le monde? Les gens perceptifs se fient aux faits concrets, n'aiment pas spéculer au-delà de ce qui est connu, se concentrent sur les détails et sont doués pour apprendre en « faisant ». De nombreux scientifiques, ingénieurs, mécaniciens, jardiniers, constructeurs et artisans sont de type perception. Charles Darwin a passé 20 ans de sa vie à rassembler suffisamment de preuves pour être certain de ce qu'il avançait avant de publier sa théorie sur l'évolution. Son côté le plus faible était l'intuition, source de sa créativité, et même s'il a produit l'une des idées les plus révolutionnaires de ce monde, sa forte perception ne lui permettait pas de divulguer publiquement ses découvertes avant que les faits rassemblés ne puissent prouver hors de tout doute qu'il avait raison. Malgré cela, Darwin fut poussé par un jeune scientifique montant, Alfred Russell Wallace, à annoncer publiquement sa découverte plus tôt que prévu. Ce jeune homme s'était fié à sa compréhension intuitive des exemples qu'il trouvait dans la nature, et il avait même publié deux exposés sur « la survie du plus fort » et sur « l'évolution par la sélection naturelle », basés en partie sur les preuves accumulées minutieusement par Darwin.

Chaque façon de percevoir le monde possède ses forces et ses faiblesses. Les gens intuitifs ont tendance à « savoir » des choses et ne peuvent pas toujours expliquer pourquoi, ce qui peut frustrer les gens qui sont de forts perceptifs. Les gens intuitifs vont plus souvent « aller au-delà de l'information donnée » pour établir des liens et obtenir des exemples, comme l'a fait le jeune Wallace qui menaçait de couper l'herbe sous le pied de Darwin. Les gens intuitifs sont aussi capables de « ressentir l'ambiance » lors d'une réunion et de recueillir des indices sur les gens. Plusieurs psychothérapeutes et conseillers sont de grands intuitifs, tout comme certains hommes d'affaires accomplis comme Richard Branson.

Cela ne signifie pas que l'intuition est semblable au pressentiment. En fait, vous devriez même faire bien attention si vous sentez que vous avez des perceptions venant de « l'au-delà ». Même s'il est vrai que les gens très intuitifs semblent posséder un genre de sixième sens leur permettant de savoir intuitivement des choses sur les gens ou les événements, et cela d'une façon difficile à expliquer, les expériences psychiques ne se rapportent pas toutes à la réalité. Parfois, le fait de croire à un phénomène psychique peut refléter une névrose profonde prenant trop d'importance dans votre psyché et vous poussant à écouter vos voix intérieures. Si cela vous ressemble, je vous recommande de consulter un psychothérapeute afin de déterminer quels éléments de votre passé viennent s'immiscer dans votre vie présente.

La créativité

Plusieurs personnes qui choisissent de suivre le programme de planification de vie ont souvent le profond désir inassouvi d'être créatif – comme écrivain, peintre, musicien… ou même en tant qu'être humain aimant et chaleureux qui améliore la vie des gens autour de lui. En étudiant vos pouvoirs personnels, il vous sera utile de découvrir d'où provient votre créativité.

Jung estimait que la créativité provient de notre pôle le plus faible – celui opposé à notre force. Afin de vous aider à comprendre comment fonctionne ce principe par rapport aux aspects de la personnalité dont nous avons discuté jusqu'à maintenant – nos différentes façons de percevoir et d'évaluer le monde –, j'ai décidé, pour illustrer l'idée, d'utiliser un diagramme.

Comme le raisonnement est à l'opposé du sentiment, tout comme le sont la perception et l'intuition, nous pouvons représenter ces aspects de la personnalité sous forme de croix. Chaque personne utilise initialement l'un de ces aspects pour découvrir le monde, lequel dépend fort probablement de votre génétique. Étrangement, même si nous sommes tous en mesure de percevoir et d'évaluer les choses autour de nous, il semblerait que n'importe lequel de ces pôles puisse façonner notre faculté la plus forte. Autrement dit, votre plus grande force peut provenir de votre perception du monde (sentiment ou intuition) ou de votre évaluation de ce dernier (raisonnement ou perception).

Cependant, nous développons une autre force très tôt dans la vie. Alors si vous avez d'abord développé une des façons de percevoir le monde, vous développerez ensuite une des façons de l'évaluer. Ou bien si vous avez commencé avec l'évaluation, vous développerez rapidement une faculté de perception. Ces choix font probablement partie de notre bagage génétique.

**DIAGRAMME REPRÉSENTANT DEUX DIMENSIONS DE NOTRE PERSONNALITÉ :
LA PERCEPTION ET L'ÉVALUATION (d'après C. G. Jung)**

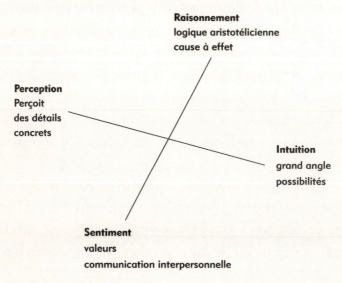

Vous constaterez en regardant ce diagramme que la croix est inclinée, ceci afin d'indiquer que le développement de ces différentes facultés est légèrement déséquilibré. L'une d'entre elles est en effet toujours plus forte que les autres. Même si nous développons ensuite une seconde faculté, et éventuellement en vieillissant une troisième, une de nos facultés demeure toujours hors de portée de notre volonté consciente. Et quel que soit notre degré de maturité ou de développement de nos habiletés, cette faculté moins développée est la source de nos faiblesses – et de notre créativité.

Ce diagramme très simple, qui vous aide à comprendre la psychologie de la personnalité, peut être comparé aux points cardinaux d'un compas, même si, dans la géographie de la psyché, un des pôles demeure toujours inatteignable. Comme si nous commencions tous notre monde intérieur à l'équateur et que nous nous dirigions vers un de ces pôles. En chemin, nous explorons les aspects d'un côté et, plus tard, ceux de l'autre. Lorsque nous devenons mature, nous avons atteint ce qui correspond au pôle Nord (qui, comme nous le savons, est incliné dans notre monde en mouvement et représente notre faculté la plus forte). À partir de ce point élevé, nous pouvons conceptuellement tout commander jusqu'à l'équateur – ce qui signifie que nous contrôlons notre faculté la plus forte (disons, l'intuition), notre seconde faculté (disons, le raisonnement) et aussi la plupart des aspects de notre troisième faculté (dans cet exemple, il s'agit du sentiment). Mais tout ce qui se trouve sous l'équateur reste hors de portée.

Sous l'équateur se trouve notre faculté la plus faible – le sentiment – et certains aspects de notre troisième faculté qui ne pourra jamais être développée complètement – ici il s'agit de la perception. Ces faiblesses habitent notre inconscient et sont hors de notre portée.

SOURCES DE CRÉATIVITÉ

Faculté la plus forte	Seconde faculté	Troisième faculté	Faiblesse/ créativité
Perception	Raisonnement	Sentiment	Intuition
Perception	Sentiment	Raisonnement	Intuition
Raisonnement	Perception	Intuition	Sentiment
Raisonnement	Intuition	Perception	Sentiment
Intuition	Raisonnement	Sentiment	Perception
Intuition	Sentiment	Raisonnement	Perception
Sentiment	Perception	Intuition	Raisonnement
Sentiment	Intuition	Perception	Raisonnement

Pour vous situer dans ce tableau, réfléchissez à vos forces et à vos faiblesses. Nous avons vu que Marc et Jeanne ont tous les deux des facultés de sentiment très développées. Ils manifestaient les signes d'une souffrance parce qu'on attendait d'eux qu'ils utilisent un pôle opposé – le raisonnement logique – qui était essentiellement hors de leur portée dans leur inconscient. D'autres aspects dans leur exercice confirmaient qu'ils seraient en mesure de développer certaines caractéristiques des pôles perception et intuition (une premier puis une deuxième, car notre cerveau fonctionne de cette façon), ce qui signifie que ces deux personnes étaient plus fortes du côté sentiment.

Bernard croyait être du type raisonnement parce qu'il avait centré toutes ses énergies sur un raisonnement logique pour réussir en affaires. Toutefois, l'inventaire de ses forces démontrait clairement que sa faculté de perception était la plus forte, celle à laquelle il n'avait même pas à penser, *et* qu'il avait commencé à développer une troisième faculté, le sentiment. Comment a-t-il découvert cela ? Il a réalisé qu'il travaillait depuis un moment à améliorer ses habiletés interpersonnelles et qu'il avait eu récemment plus de facilité à les utiliser. Quand il a réfléchi à ce qu'il trouvait le plus difficile, il a réalisé que c'était l'intuition. Il disait ne jamais vraiment savoir ce qui se passait dans les réunions et n'était pas capable de relever les nuances subtiles que les autres, en bons intuitifs, semblaient toujours capables de voir. Ceci représentait sa faiblesse et la source d'une grande part de ses craintes d'échouer dans son nouveau travail.

Voilà pourquoi il est bon de connaître vos faiblesses. Mais il est inutile de passer du temps à vous préoccuper de compétences que vous ne serez jamais capable de développer complètement. Il est préférable de connaître vos faiblesses et de les protéger en mettant davantage l'emphase sur les aspects dans lesquels vous excellez.

En contraste, la faiblesse de Thomas a toujours été la perception, ce qui fait de lui un type intuition très fort. Il dit préférer vivre dans un monde de livres et a longtemps cru que le compte Axel, le héros d'un poème en prose du XIXe siècle, avait raison lorsqu'il disait : « Vivre ? Nos serviteurs feront cela pour nous*. »

---

* Citation du *Château d'Axel*, un recueil de critiques littéraires d'Edmund Wilson, 1931 (Fontana, 1969, p. 209). Il était typique de Thomas de citer une source érudite dans nos cours de planification de vie – *et* d'insister pour me donner la bonne référence lorsque j'ai mentionné que je voulais le citer.

Les menues tâches de la vie quotidienne – faire la cuisine, les courses, la lessive, le repassage, faire du feu ou surveiller la fournaise, nettoyer la saleté – sont un fardeau pour plusieurs intuitifs, surtout ceux introvertis comme Thomas. Cependant, en vieillissant, il a transformé son côté faible en une source de créativité, développant une nouvelle habileté à écrire des livres populaires et accessibles sur toute la culture qu'il a acquise en 70 ans de lecture.

Extraversion et introversion
Vous aurez remarqué que j'ai ajouté une dimension supplémentaire en décrivant Thomas : l'introversion. Une des raisons pour lesquelles les gens sont si différents les uns des autres est qu'il existe plusieurs façons d'entretenir des rapports avec le monde extérieur, et l'une d'elles se rapporte à la façon dont vous dirigez votre énergie : êtes-vous extraverti ou introverti ?

La plupart des gens s'imaginent que l'*extraversion* désigne les gens grégaires, qui aiment faire la fête. Mais c'est beaucoup plus que cela. Vous êtes probablement une personne extravertie si votre énergie est dirigée de l'intérieur vers l'extérieur, vers les autres. Vous aimez l'interaction avec les autres, et vous communiquez en parlant et en écoutant. Vous remarquez que vous initiez souvent les échanges, vous découvrez vos propres pensées en exprimant vos points de vue aux autres, vous voulez être là où l'action se passe et vous participez à la vie qui vous entoure. C'est exactement la façon dont Lynne s'était décrite : elle se sent en vie lorsqu'elle « participe, quand elle fait quelque chose ».

> **EXTRAVERTI**
>
> Dirige son énergie vers l'extérieur
> Initie une interaction sociale
> Aime partager ses pensées et ses sentiments avec les autres
> Sociable, grégaire
> Veut participer, être où l'action se passe
> Est enthousiaste
> Préfère communiquer face à face

L'*introversion*, par contre, ne signifie pas que vous n'aimez pas les gens. Cela signifie plutôt que vous puisez votre énergie de l'extérieur vers l'intérieur. Vous vous concentrez sur votre intériorité, vous préférez travailler seul et n'aimez pas partager vos intérêts et vos sentiments avec tout le monde. Vous aimez communiquer en écrivant et préférez les endroits tranquilles et calmes. Vous ne vous sentez pas à l'aise dans les soirées et vous préférez les relations individuelles plus intenses. France mentionnait être une « solitaire »; elle préfère rester en arrière et observer plutôt que participer. Pour elle, le sentiment d'être en vie se résume à la « liberté » – la liberté d'être distincte, de ne pas être trop près.

Il arrive qu'au cours de notre vie nous développions ces deux façons de diriger notre énergie, mais nous avons tous une tendance privilégiée, un « cocon intérieur » dans lequel nous pouvons nous retirer lorsque nous sommes épuisés et à partir duquel il est moins difficile de faire face aux problèmes. Il est

> **INTROVERTI**
>
> Énergie dirigée vers l'intérieur
> Préfère travailler seul
> Estime qu'il est préférable de ne pas embêter les autres avec les sentiments
> Aime les relations sérieuses seul à seul
> Préfère le calme et la solitude
> Indépendant, centré sur la tâche
> Préfère communiquer par écrit

utile de cerner votre tendance à faire face à ce que la vie vous envoie : lorsque cela est possible, *il est toujours préférable de travailler vos forces et protéger vos faiblesses*.

Les types planification et émergence

Il existe enfin une quatrième dimension que l'on doit prendre en compte : la façon dont vous organisez votre vie. Ceci est une extension de la théorie originale de Jung qui a été développée par deux psychologues américaines, Isabel Myers et Katharine C. Briggs, pour le célèbre Indicateur de type Myers-Briggs. Elles ont nommé cette dimension Juger et Percevoir, ce qui est plutôt malcommode. Puisque ces termes pourraient facilement être confondus avec les autres dimensions que nous venons d'examiner (comment vous évaluez le monde et le percevez), je préfère nommer cette dimension planification et émergence.

Les gens qui préfèrent la *planification* sont heureux lorsque leur journée est bien structurée. Ils aiment planifier les choses à l'avance, savent exactement où ils vont et ce qu'ils doivent faire pour accomplir une tâche. Ils aiment la routine et détestent se sentir pressés et pris dans le désordre.

Rose avait écrit qu'elle avait de la facilité à organiser son temps, ce qui lui avait valu l'admiration des membres de son groupe qui n'étaient pas doués pour cela. Rose réalisa en écoutant parler les autres qu'elle avait des talents d'organisation, de planification et de structure du travail très développés, et que cette facette représentait un facteur important de l'estime que lui vouait son employeur. Ces compétences sont essentielles chez une personne qui supervise 70 travailleurs d'une usine, mais comme elles étaient quasiment comme une seconde nature pour Rose – elle *préférait* planifier, organiser et structurer son travail –, elle n'avait jamais réalisé que certaines personnes préféraient travailler dans le désordre.

« J'ai senti comme un fardeau se soulever de mes épaules », a-t-elle dit en se mettant soudain à rire. « Ils m'estiment pour une compétence dans laquelle j'excelle. C'est merveilleux. »

TYPE PLANIFICATION

Aime planifier à l'avance
Préfère la routine
Déteste se sentir pressé ou dans le désordre
Excelle dans l'organisation du temps
Excelle dans la gestion du travail

Le pôle opposé à la planification est celui que j'appelle l'*émergence*. Les gens qui préfèrent cette façon d'organiser leur vie

> **TYPE ÉMERGENCE**
>
> N'aime pas les plans fixes, préfère garder sa liberté d'action
> Aime les surprises
> Déteste la monotonie, a tendance à chambouler la routine
> Aime faire les choses à la dernière minute, utilise l'afflux d'adrénaline
> Apprécie la spontanéité
> Se fie à son sens interne du rythme

n'aiment pas la monotonie et essaient de varier leur routine afin de ne pas mourir d'ennui. Ils essaient de ne rien planifier trop longtemps à l'avance et aiment la montée d'adrénaline ressentie lorsqu'ils doivent accomplir une tâche à la dernière minute. Ils adorent les surprises, aiment sentir qu'ils ont une liberté d'action et se sentent bien quand ils peuvent « saisir la vague ».

Martin, qui nous dit avoir 50 projets en cours de développement, déteste la planification méticuleuse, mais il est très habile pour effectuer de nombreuses tâches en même temps. Il sait comment gérer les surprises, faire face aux changements, se défaire des éléments superflus des choses, et il utilise son mécanisme de minutage interne pour déterminer à quel moment se mettre en haute vitesse pour terminer un travail dans les délais requis. Le pôle opposé – planification – est une faiblesse pour Martin et peut aussi être un handicap pour quiconque est travailleur autonome. Mais en sachant ce dans quoi vous excellez, vous pouvez travailler à partir de vos forces et trouver un moyen de protéger vos faiblesses.

Trouver votre type de personnalité

Toute cette analyse de la personnalité mène à 16 types de personnalités différentes qui ont toutes leur lot de forces et de faiblesses. Il est utile de savoir précisément où sont vos vraies forces. Même si vous avez beaucoup travaillé pour développer les aspects de votre personnalité que vous jugez plus difficiles, vous constaterez que vous aurez toujours tendance à retourner dans votre « refuge » naturel. *Ce sont vos forces qui vous donnent votre puissance personnelle.*

Comme il peut être difficile au début de comprendre comment ces différentes dimensions agissent les unes avec les autres, je vous donnerai une très brève description des pouvoirs personnels de ces 16 types de personnalités. Bien entendu, vous ne correspondrez *exactement* à aucune de ces descriptions, mais j'espère que vous vous reconnaîtrez quelque part dans ces brèves esquisses*. Et comme un changement est inévitable si vous voulez cesser de rêver et commencer à vivre, j'inclurai ici aussi les quatre facteurs de motivation les plus importants que ces différents types de personnalités utilisent pour apporter des changements dans leur vie.

Extraverti, perception

Ce qui le motive à changer : « Cela ne fonctionne pas. Mais si ce n'est pas cassé, inutile de le réparer. Ne changeons pas plus que ce qui est nécessaire. »

---

* Adaptées des travaux de C. G. Jung, Isabel Myers et Katharine C. Briggs.

Extraverti perception raisonnement planification
Ces gens sont « axés sur la tâche », ils aiment relever leurs manches et accomplir des choses. La logique et le raisonnement leur servent de guide. Ils se concentrent sur les réalités du monde extérieur et aiment planifier, anticipant ce qui est requis et ce qui pourrait aller mal. Estelle est un bon exemple de ce type de personnalité. Elle est attentive, méticuleuse et aime que sa journée soit structurée. Si elle doit procéder à des changements à la suite de ce programme de planification de vie, elle le fera rapidement, mais ne changera que ce qui ne fonctionne pas. Elle ne touchera pas aux aspects de sa vie qui lui plaisent.

Extraverti perception raisonnement émergence
Ces gens veulent être là où se déroule l'action. Comme Lynne, ils veulent « participer ». Ils n'ont pas peur de l'effort au travail. Ils sont pragmatiques et réalistes, cernent rapidement une situation, et sont débrouillards et ingénieux lorsque quelque chose ne va pas. Ils peuvent parfois être un peu rudes avec ceux qui ne sont pas aussi vifs d'esprit et peuvent blesser involontairement les autres par leurs commentaires. Mais ce sont des personnes que l'on apprécie avoir à ses côtés dans les situations d'urgence, car elles sont dotées d'un bon sens pratique, ont les pieds sur terre et sont capables de transformer un désastre en victoire.

Extraverti perception sentiment émergence
Ces personnalités veulent également faire partie de l'action, mais surtout parce que les autres y sont présents. Elles sont amicales et expressives, et leur énergie naturelle rejaillit sur les autres avec exubérance. Au travail, elles sont à leur meilleur si leur entrain

et leur besoin de plaisir sont exploités. Comme nous le verrons, Irène en est un bon exemple. Frustrées si elles ne peuvent utiliser leurs talents, ces personnalités pourront parfois créer des situations requérant leur talent humoristique naturel et donneront l'impression d'être agitées. Si vous vous reconnaissez, vous être probablement ce piquet rond qui essaie d'entrer dans un trou carré et vous devrez peut-être laisser tomber.

Extraverti perception sentiment planification

Ces gens apprécient l'harmonie et « bien s'entendre avec les autres », comme le dit Jeanne. Ils tiennent toujours leurs promesses, s'acquittent de leurs responsabilités et s'attendent à ce que les autres fassent de même. Ce sont des personnes chaleureuses et amicales, qui se préoccupent du bien-être des autres et aiment travailler dans un environnement structuré où tous connaissent leur place. Rose en est l'exemple type : elle aime la structure et l'organisation (comme son employeur), mais ses choix sont basés sur des valeurs humaines et elle se préoccupe de veiller à ce que ses collègues de travail soient à l'aise avec les tâches qui leur sont assignées (et eux aussi l'aiment).

Introverti perception

Ce qui le motive à changer : « Si le changement produit de meilleurs résultats, alors il s'agit d'une chose sensée et responsable. Mais chaque étape doit être évaluée et nous ne devons pas effectuer plus de changements que nécessaire. »

Introverti perception raisonnement planification

Ce type est prudent, méthodique, appliqué et travailleur. Placé dans le bon poste, il est un employé apprécié qui s'intègre bien au sein d'une hiérarchie reconnue, termine toujours ses tâches et excelle dans les détails, contrôlant l'information, s'assurant que les biens et les services arrivent au bon endroit, au bon moment. Comme ceux qui sont de ce type ont tendance à être prudents et sur leur garde, ils aiment que les choses demeurent les mêmes. C'est probablement la raison pour laquelle je ne peux citer d'exemples parmi les personnes qui ont suivi le programme de planification de vie. Mais cette description correspond à l'une de mes anciennes clientes, que je nommerai Carole.

Carole était malheureuse. Elle avait essayé durant des années d'être une épouse et une mère parfaites, mais son mariage n'avait pas fonctionné. Elle devait trouver un travail. Après avoir appris à la connaître, j'ai dit à Carole qu'elle essayait peut-être de trop correspondre à l'image que les autres pensaient qu'elle *devrait* afficher et qu'elle ignorait complètement ses propres talents. Grâce à son raisonnement logique, son attention pour les détails et son appréciation de l'organisation et de la structure, elle pouvait être une bonne comptable. Elle en était incertaine. Cette idée ne concordait pas avec l'impression qu'elle avait toujours eu d'elle-même. Mais la synchronicité était à l'œuvre. Un vieil ami lui mentionna qu'il avait besoin d'aide à son bureau et lui demanda si elle serait prête à étudier la comptabilité. Elle décida d'essayer. Un an plus tard, elle me téléphona pour me dire que sa vie était transformée. Elle adorait son travail (qui était devenu un poste permanent à plein temps). Ses tâches faisaient appel à tous ses talents personnels et comme elle accomplissait un travail dans lequel elle excellait, elle avait aussi trouvé le courage de faire fonctionner les autres aspects de sa vie. Magique ! Être authentique envers soi-même peut provoquer des miracles.

Introverti perception raisonnement émergence
Voilà des gens créatifs qui aiment régler les problèmes et qui s'épanouissent dans des situations où une compréhension rapide de l'essentiel est requise. Ce sont des êtres pratiques et rationnels, qui détestent la routine, les structures rigides et les horaires. Ils se sentent souvent frustrés par ceux qui ne pensent pas comme eux, mais ils sont toujours disposés à écouter les nouvelles approches et aiment discuter de solutions créatrices. Bernard est un bon exemple de ce type de personnalité.

Introverti perception sentiment émergence
Ces gens sont tranquilles, doux et compatissants, plus enclins à se préoccuper des besoins d'autrui que des leurs. Dorothée en est un bon exemple. Ils sont modestes, effacés, n'aiment ni les disputes ni les conflits et ont du talent pour créer de la beauté et de l'harmonie autour d'eux. Ils ont beaucoup de difficultés à répondre à leurs propres besoins et les autres peuvent parfois prendre l'avantage sur eux.

Introverti perception sentiment planification
Très semblable au groupe précédent, ce type a tendance à se sacrifier pour les autres, surtout pour sa famille. Il est heureux dans des rôles où la hiérarchie est définie et lorsqu'il comprend les règles, surtout s'il a l'impression de répondre à une tradition. Il aime fournir une aide pratique aux gens et se retrouve souvent au sein d'organismes de bénévolat ou de charité.

Extraverti intuition
Ce qui le motive à changer: « Cette nouvelle idée est intéressante. Essayons-là immédiatement. Peu importe si elle ne fonctionne pas, nous essaierons autre chose. » Voilà des gens excités et stimulés par la nouveauté.

Extraverti intuition raisonnement planification
Ces gens aiment prendre les choses en charge. Même s'il règne confusion et désordre, ils y arrivent, mettent de l'ordre et de la structure et se hissent au sommet. Il n'est donc pas surprenant que je n'aie pas souvent vu ce type dans mes cours de planification de vie car ils sont extrêmement confiants de pouvoir régler les choses par eux-mêmes. Ce sont de grands entrepreneurs, très habiles en planification stratégique. Si vous appartenez à ce type de personnalité, vous pouvez vraiment anticiper une réussite matérielle.

Extraverti intuition raisonnement émergence
Ils peuvent eux aussi être entrepreneurs, repoussant les barrières qui arrêtent les autres, stimulés par leur confiance de pouvoir surmonter tous les obstacles. Ils sont extrêmement indépendants et apprécient la créativité, l'innovation et l'imagination. Ils détestent la routine, la hiérarchie et la bureaucratie – tout ce qui peut réprimer les nouvelles idées. Ils adorent la complexité et inventent facilement des stratégies pour guider leur vision vers la réalisation. Martin en est un bon exemple. Les personnes qui appartiennent à ce groupe peuvent aussi échouer lamentablement parce qu'elles finissent par s'ennuyer du train-train de la vie quotidienne. Si vous vous reconnaissez,

prenez garde au côté négatif qui se cache à l'opposé de votre confiance en vos capacités et qui est le désespoir. Reconnaissez votre faiblesse et protégez-la en faisant appel à votre force innovatrice et créatrice extraordinaire.

Extraverti intuition sentiment émergence

Ces personnes sont elles aussi très conscientes de leurs possibilités. Les valeurs fortes de type Sentiment les poussent à encourager les autres, à stimuler et à inspirer leurs collègues de travail par la vision d'un avenir meilleur. Ce sont souvent des leaders charismatiques qui sèment la joie et l'entrain dans leur milieu de travail. Ils sont à leur meilleur quand la situation est fluide et claire. Thérèse possède l'enthousiasme et l'énergie de ce type de personnalité.

Extraverti intuition sentiment planification

Ces gens sont décontractés, tolérants et apprécient les efforts que font les autres. Ils sont satisfaits quand ils peuvent répondre aux besoins des gens avec chaleur et compréhension et qu'ils parviennent à développer des stratégies pour les aider à atteindre leurs objectifs. Ils aiment l'organisation et la structure et ce sont des motivateurs de travail compétents. Malgré ses doutes suscités par son désir d'affronter sa part d'ombre, Barbara semble être un bon exemple de ce groupe.

Introverti intuition

Ce qui le motive à changer : « Ceci s'inscrit dans ma vision de l'avenir. Je dois réfléchir à mes valeurs et mes principes afin que tout cela me conduise vers un meilleur avenir. »

Introverti intuition raisonnement planification
Ces gens sont de grands individualistes, probablement plus que les gens des autres groupes, et cela n'est pas toujours évident pour leur entourage. Ils n'aiment pas partager leurs pensées avec les autres, mais travaillent tranquillement et de façon constante à développer leurs idées. Ils réfléchissent très rapidement et sont plus perspicaces qu'ils ne le laissent paraître. Plusieurs académiciens appartiennent à ce groupe et Thomas en est un bon exemple.

Introverti intuition raisonnement émergence
Ces personnes sont elles aussi des penseurs individualistes qui consacrent beaucoup de temps à la recherche des vérités universelles et de la pureté. Ils pensent rapidement et clairement, et ils apprécient l'élégance et la limpidité en communication. Ils ne se préoccupent pas de ce que « tout le monde sait » car ils sont à la recherche de vérités ultimes. Ils excellent dans la construction de modèles conceptuels ou dans le développement d'idées complexes. Leur créativité en fait des auteurs, des artistes et des musiciens novateurs. Diane semble appartenir à ce groupe.

Introverti intuition sentiment émergence
Ces gens recherchent généralement un style de vie qui corresponde à leurs valeurs profondes et abandonnent rarement ce qui est important pour eux. Ils sont doux et ont généralement un délicieux sens de l'humour qui pousse les gens vers eux, même s'il est difficile de les connaître réellement. Ils sont créatifs et profitent des idées et des possibilités nouvelles, ce qui semble être le cas de Nathalie.

Introverti intuition sentiment planification

Ces personnes désirent comprendre la nature humaine par une sorte d'autodécouverte et elles ont besoin de solitude pour réfléchir à leurs idéaux profonds. France semble appartenir à ce groupe. Elles savent faire preuve d'une grande compassion et travaillent patiemment pour atteindre une certaine harmonie avec les autres. Elles n'aiment pas attirer l'attention sur elles et sont à leur meilleur lorsqu'elles peuvent se pencher sur de nouvelles idées pouvant les mener à une certaine créativité.

EXERCICE 12
Talents négligés

Quels sont les talents que vous négligez ou utilisez trop peu ?
Veuillez en énumérer autant que possible.

Maintenant que vous avez une meilleure idée de vos forces, il est temps d'examiner les talents que vous n'utilisez pas ou pas assez. Plusieurs d'entre nous gaspillent en effet leurs talents.

Cet exercice peut s'avérer difficile car vous avez peut-être un rêve impossible à réaliser faute de talent. Ou bien vous avez peut-être déjà énuméré vos talents dans l'exercice précédent, à la rubrique « Dans quoi excellez-vous ». Examinez attentivement votre liste de talents et d'aptitudes. Les utilisez-vous ? Moi, par exemple, je n'utilisais pas mes compétences d'écrivain au maximum lorsque j'ai fait l'exercice précédent – ce qui m'avait d'ailleurs poussée à établir le programme de planification de vie.

Je me souviens d'un cauchemar que j'ai fait il y a plusieurs années et que j'aimerais vous raconter en guise d'avertissement. J'ai rêvé que je me dirigeais vers une armoire pour y chercher quelque chose que j'avais caché en prévision de l'avenir. Mais ce que j'avais caché s'était desséché et ratatiné avec le temps. Lorsque j'ai ouvert la porte de l'armoire, l'objet en question est tombé et s'est fracassé sur le sol. Avec ce rêve, je savais que j'avais gaspillé mes talents en ne les utilisant pas et que maintenant ils n'existaient plus.

Ceci ressemble à la parade biblique des talents et n'est bien entendu qu'un rêve. Cependant, ce rêve m'avait ébranlée à l'époque, et j'espère qu'il saura vous prévenir que si vous n'utilisez pas tous vos talents, ceux-ci peuvent se flétrir et disparaître à jamais. La morale de cette histoire est : utilisez-les ou perdez-les.

Comment ces exercices s'adaptent les uns aux autres
Martin refusa d'écrire quoi que ce soit à ce stade-ci, mais m'avoua avoir décidé de suivre le programme en partie parce qu'il se sentait frustré car il ne s'accomplissait pas. Cette section vous donnera une perspective de vous différente de celle que vous avez établie plus tôt. Ne soyez pas impatient – il est parfois utile de regarder les mêmes choses d'une façon différente. Examinons quelques exemples de ce que vous pouvez découvrir en combinant tous ces exercices.

Irène avait décidé qu'elle devait être extravertie parce qu'elle avait besoin de rire et d'avoir du plaisir ; et comment rire sans personne autour de soi ? Puis, quand elle se mit à réfléchir aux talents qu'elle pourrait utiliser davantage, le « sens de l'humour » apparut en tête de liste. Elle trouvait aussi qu'elle avait une facilité à comprendre les gens, ce qui apparut dans l'exercice 12.

Comme plusieurs d'entre nous, Irène constata qu'elle n'utilisait pas complètement ses aptitudes personnelles, même si elle en tirait beaucoup de plaisir. Ses talents comme son sens de l'humour, sa tendance à dramatiser et à divertir ainsi que sa façon de saisir rapidement ce que les gens ressentaient lui venaient si naturellement et si facilement qu'elle ne leur avait jamais accordé aucune *valeur*. Mais en combinant ses réponses aux divers exercices, elle réalisa que ses talents étaient essentiels à sa personnalité. Le rire s'affiche en tête de liste des choses qui la font se sentir en vie. Le dessin de sa vie, avec ses creux et ses pics, est un portrait moqueur et très théâtral de ses problèmes personnels créé à la fois pour exprimer ses sentiments et divertir les membres de son groupe. Une brève incursion dans les types de personnalité lui a révélé que oui, elle avait tendance à faire des drames de sa vie à la maison, et que le temps était peut-être venu de mettre son besoin de rire et de se divertir au service de quelque chose de plus pratique.

Elle commença alors à se demander si elle ne pourrait pas utiliser son sens de l'humour d'une façon plus positive qui lui procurerait un vrai sentiment d'accomplissement. Les humoristes doivent posséder des compétences psychologiques bien développées et Irène prit conscience de sa facilité à sympathiser avec les gens. Elle décida d'utiliser pleinement ses talents car ils contribuaient à la rendre unique.

Rose désirait elle aussi développer sa capacité à créer des choses amusantes, bien que ses talents fussent différents de ceux d'Irène. Plutôt que d'avoir besoin de drame et d'excitation, elle voulait rendre ses proches heureux. Ceci nous démontre à quel point les mots ont une signification différente selon les gens, et ce n'est qu'en vous regardant que vous pourrez découvrir vos propres besoins et capacités.

« J'aime vraiment mon travail et ne veux pas y apporter de changements, mentionna Rose. Je veux plutôt apprendre à assumer le poids de mes inquiétudes à propos de mes enfants, de ma maison. »

Vous vous souvenez du dessin de Rose ? Elle portait un énorme sac et escaladait seule une montagne après l'autre. Le fait qu'elle ait pu tenir le coup après le décès de son mari et élever seule trois enfants est une réalisation admirable, mais qui n'a pas toujours dû être agréable. Ses réponses à cet exercice et au précédent suggèrent que le plaisir est un domaine dans lequel elle a de la facilité et dont elle a besoin. Oui, « avoir du plaisir » est sur sa liste de choses qui lui donnent le goût de vivre.

Vous commencez peut-être maintenant à comprendre comment ces différents exercices fonctionnent ensemble. Regardez à nouveau la liste des choses qui vous donnent du plaisir (Exercice 9, chapitre 5), ce dans quoi vous excellez (Exercice 11) et vous souhaiterez alors peut-être allonger la liste des habiletés et des talents dont vous pourriez vous servir plus souvent ou que vous pourriez développer (Exercice 12, chapitre 7). Lorsque vous serez certain de bien connaître vos pouvoirs personnels et votre potentiel, il sera temps de passer à l'exercice suivant – dans lequel vos habiletés et talents inexploités pourront vous être utiles.

HUITIÈME CHAPITRE

Une fenêtre sur l'avenir

Le temps est finalement venu d'examiner vos rêves. Vous jugez peut-être que la route fut longue pour en arriver à cette étape, mais il est important de se débarrasser d'abord des vestiges qui nous encombrent pour cesser de rêver et commencer à vivre. Il est maintenant temps d'ouvrir la fenêtre et d'apprécier la vue sur l'avenir.

EXERCICE 13
L'avenir de vos rêves

Décrivez par écrit et de façon détaillée une journée typique de votre avenir idéal – d'ici 3 à 5 ans. Si vous préférez, faites un dessin.

Si vous pouviez vivre la vie de vos rêves, que seriez-vous en train de faire dans trois, quatre ou cinq ans? Soyez honnête avec vous-même. Je vous demande de réfléchir à une journée typique, pas une journée spéciale.

Ce chapitre peut devenir une étape cruciale pour vous. L'image que vous vous faites de votre futur pourrait déterminer la façon dont celui-ci se déroulera! Réfléchissez donc sérieusement et assurez-vous que tous les détails de cette vie future vous plaisent véritablement. Ne vous souciez pas de la façon d'accéder à cette vie. Concentrez-vous sur ce que vous voyez autour de vous, sur les odeurs qui sont dans l'air, les sons qui emplissent l'espace, sur ce que vous touchez, où vous êtes et comment vous vous sentez dans votre avenir de rêve.

Créer une vision positive

Martin nous dit : « Je ne peux pas faire cet exercice. Ce n'est pas moi qui contrôle ma vie. »

Nous avons essayé de le persuader d'imaginer comment ce serait s'il pouvait contrôler sa vie. Pour des gens comme Martin qui se sentent lésés par des circonstances injustes, il est important d'avoir une vision positive de l'avenir. Le fait de visualiser cette journée idéale de l'avenir n'est pas qu'un jeu, mais aussi une étape cruciale dans le progrès à réaliser pour cesser de rêver et commencer à vivre.

Rêver signifie que vous n'êtes *pas* en contrôle de votre vie. Vous êtes amorphe, endormi. Afin de pouvoir cesser de rêver et commencer à vivre, vous devez prendre le contrôle de votre vie. Délibérément. Activement.

Ce livre est conçu pour vous aider à découvrir :

a) ce qui vous maintient ainsi allongé à rêver, sans rien faire ;
b) où vous voulez vraiment aller lorsque vous vous lèverez de ce divan confortable ;
c) comment vous pouvez exploiter vos pouvoirs personnels afin de trouver l'énergie nécessaire pour prendre le contrôle de votre vie.

Vous en êtes capable. Il ne vous faut que du courage, de l'honnêteté et de la volonté. C'est tout !

Le pouvoir de l'image positive
Je tiens à vous avertir que le fait de décrire votre journée idéale dans l'avenir peut avoir un effet détonnant. J'ai fait cet exercice pour la première fois il y a environ 30 ans et cela a été déterminant dans ma façon d'entrevoir alors ma vie. C'est la raison pour laquelle j'habite depuis 28 ans une maison isolée de la région sauvage de North Cornwall. Cette vision d'un endroit calme où je pourrais être créative a eu tellement d'influence sur ma psyché que j'aurai besoin d'une vision tout aussi puissante pour me faire bouger de là aujourd'hui.

Votre vision de votre avenir pourrait aussi vous aider à déterminer votre vie. Le fait d'en écrire chaque petit détail peut la rendre réelle, jusqu'à ce qu'elle le devienne réellement. Alors réfléchissez attentivement. Sans vision de l'avenir, vous ne pourrez pas transformer vos rêves en réalité.

Votre rêve dépend-il de vous ?
Si vous éprouvez des difficultés à faire cet exercice, vous avez peut-être des regrets, des inquiétudes ou des conflits qui n'ont pas été exorcisés par les exercices précédents.

Célia était incapable de commencer. « Ce que je veux vraiment, dit-elle, c'est voyager partout à travers le monde et découvrir des endroits exotiques, m'étendre au soleil sur des plages de sable doré, me baigner dans la mer bleue et rencontrer des gens intéressants. Je veux faire partie du jet-set. »

Ne s'agit-il pas là uniquement d'une fantaisie romantique ? Célia habite avec son jeune enfant dans un logement social et vit du RMI. Avant qu'elle ne découvre les programmes sociaux gouvernementaux conçus pour aider les femmes comme elle à développer de nouvelles compétences et à avoir confiance en elles, elle avait du mal à sortir de chez elle. Il n'est donc pas surprenant qu'elle rêve d'évasion. Mais elle a déjà voyagé à travers le monde dans des endroits exotiques et a rencontré des gens intéressants : elle sait donc ce qui lui manque. Pourquoi ne pourrait-elle pas retourner à nouveau à cette vie ?

La vraie question est : Peut-elle réaliser elle-même son rêve ?

« Haha ! » que j'entends déjà. « Vous nous avez dit de ne pas nous en faire à propos de la façon de nous rendre à cette nouvelle vie. Et maintenant, vous vous contredites en demandant à Célia d'envisager des solutions pratiques. » Eh bien, oui et non. Le problème ici est en réalité : *le rêve de Célia dépend-il d'elle-même ou de quelqu'un d'autre ?*

Elle ne voyait que deux solutions pratiques : épouser quelqu'un ayant suffisamment d'argent pour lui permettre de faire partie du jet-set ou faire elle-même suffisamment d'argent. Malheureusement, elle décida qu'aucune de ces solutions n'était réalisable. Elle révisa donc ses critères et déclara qu'elle aimerait recevoir une formation de coiffeuse, un métier qu'elle aimait vraiment. Elle était cependant très triste à l'idée de perdre son rêve, un rêve qui ne dépendait pas d'elle mais de l'homme qu'elle avait espéré épouser. Le père de son enfant était en effet un homme très riche, et les jets privés et les plages au soleil symbolisaient la vie de luxe qu'elle s'était imaginée vivre avec lui et qu'elle savait qu'elle n'aurait jamais.

Regardez attentivement votre journée de rêve. Si la réalisation de ce rêve dépend entièrement de quelqu'un d'autre, il ne s'agit peut-être que d'un merveilleux fantasme. Mais si votre journée de rêve dépend de *vous*, alors vous pouvez espérer trouver un moyen de la réaliser. La réussite de nombreux projets peut aussi dépendre d'autres personnes – vous ne pouvez pas gagner votre vie si personne ne veut de votre produit ou de votre service –, *mais vous devez en être le principal instigateur.*

Faites-vous semblant ?

La réalité et les rêves peuvent se confronter de plusieurs autres façons. Comme le héros du merveilleux conte d'Ernest Bramah *The Wallet of Kai Lung* le dit si bien : « Quel but hypocrite que passer tout son temps à chercher l'Empereur sacré dans des salons de thé de basse classe. »

Anne, par exemple, avoua avoir toujours rêvé de devenir ballerine. Elle était heureuse, enfant, de pouvoir suivre des cours de ballet. Elle conserve encore ses premiers collants de ballet, ses chaussons et son tutu roses dans une boîte sous son lit.

« Le livre *Ballet Shoes*, de Noel Streatfield, fut mon livre préféré pendant des années, dit-elle. J'ai été terriblement jalouse quand mes parents ont emmené ma sœur voir *Casse-Noisette*, car j'estimais que c'était moi qui aurait du y aller. Mais ma mère m'a emmenée voir le *Lac des cygnes*, *Roméo et Juliette* et plusieurs autres ballets. C'était merveilleux. »

Mais Anne a aujourd'hui 14 ans et elle étudie dans une école ordinaire et ne prend plus de cours de danse. Son rêve n'est-il qu'un fantasme ? « Personne ne me trouvait très bonne, dit-elle avec tristesse. J'aimais beaucoup les cours et je répétais souvent, mais j'imagine que je n'étais pas assez douée. »

Voilà un exemple de rêve qui dépend – malheureusement – à la fois d'une habileté exceptionnelle et innée et d'une formation de jeunesse. Être ballerine requiert en effet un talent particulier que bien peu de gens ont. Vous comprendrez ce que je veux dire si vous avez vécu une expérience semblable à la mienne. Adolescente, j'excellais en natation. Vers l'âge de 14 ou 15 ans, j'étais probablement la meilleure de l'école. Puis une nouvelle fille arriva qui était membre de l'équipe olympique junior. Elle était venue dans notre école pour être plus près de la piscine d'entraînement. Oui, j'étais bonne, mais elle était exceptionnelle. Elle nous laissa tous et toutes pantois, la bouche ouverte, la regardant fendre l'eau aussi rapidement et facilement qu'un requin pourchassant une proie.

Pour réaliser certains rêves, vous devez d'abord avoir la compétence ou le talent requis : être joueur de football ou de tennis professionnel, par exemple, ou bien pianiste de concert ou chanteur d'opéra. La majorité des compétences qui dépendent de prouesses physiques requièrent une habileté innée et doivent être développées très tôt. Si votre avenir de rêve dépend d'une compétence ou d'un talent de la sorte, vous devez agir avec sang-froid et être impitoyable envers vous-même. Quelle preuve avez-vous que ce talent pourrait vous permettre de faire carrière ? Ne faites-vous que rêver ou pourriez-vous vraiment développer cette capacité innée ? Si vos habiletés dans votre domaine d'intérêt ne vous permettent pas de devenir professionnel, peuvent-elle néanmoins vous procurer beaucoup de plaisir en tant qu'amateur? Avez-vous donné libre cours à des rêves et des fantasmes en *sachant* pertinemment que vous ne pouviez pas les transformer en réalité?

Cependant, si votre avenir de rêve dépend de compétences que vous possédez déjà et qui peuvent encore être améliorées au fur et à mesure que vous vieillissez, alors vous ne fantasmez probablement pas du tout. Vous rêvez peut-être d'écrire, par exemple, ou bien d'une carrière dans l'horticulture. Ou encore vous rêvez de posséder votre propre entreprise, de devenir consultant ou d'étudier pour devenir pharmacien, astronome, coiffeur ou une autre occupation parmi des centaines. N'abandonnez pas uniquement parce qu'il peut être difficile de développer vos compétences et que vous devez travailler fort.

Ne vous contentez pas du deuxième

Même s'il peut être difficile de démarrer, la majorité des gens apprécient cet exercice: visualiser leurs rêves d'avenir. Vous constaterez que lorsque vous aurez noté tous les détails sur le papier, votre énergie semblera augmenter. Il s'agit de ce que vous voulez faire de votre vie et, d'une façon ou d'une autre, vous réussirez.

Si, par contre, votre niveau d'énergie demeure bas, vous découvrirez alors que vous essayez probablement de vous leurrer. Écoutons Thérèse qui nous parle de sa journée dans l'avenir.

Thérèse
« Je me réveille reposée dans une jolie chambre et j'entreprends ma journée. J'enseigne le matin, mais je laisse mes activités au

travail. Je contrôle mon propre horaire. J'aime bien être avec ma famille, mais j'utilise ma maison pour faire d'autres choses. Comme lorsque j'étais à l'université... »

Puis elle froissa le papier, se prit la tête entre les mains et avoua que ce n'était pas du tout ce qu'elle voulait. Ce scénario n'était que sa façon de faire son deuxième choix. Un an plus tôt, elle avait eu l'occasion de faire ce dont elle avait toujours rêvé – étudier la médecine –, mais elle avait dû refuser.

« C'est toujours là. C'est mon destin », dit-elle.

Elle était prête à tout risquer et à emprunter l'argent nécessaire, mais elle avait besoin du soutien de son mari – et celui-ci ne pouvait le lui donner. Cela représenterait une crise importante dans la vie et le mariage de quiconque. Si l'un des conjoints a une ambition très claire qui semble être son « destin » et qu'il ou elle n'obtient pas le soutien de l'autre lorsque l'occasion se présente de la réaliser, cela peut conduire au désastre. Thérèse avait abandonné son rêve pour faire plaisir à son mari, mais elle réalisait que son sacrifice n'avait été ni reconnu ni apprécié. Lorsque l'on abandonne son ambition la plus chère, il faut recevoir quelque chose d'immense en guise de compensation. Peu de relations peuvent survivre à ce fardeau et, ultimement, le mariage de Thérèse se brisa.

Il est important de réaliser que la perte d'un rêve personnel de cette importance peut vous donner l'impression d'avoir été amputé pour le reste de votre vie. Thérèse doit donc trouver un moyen de financer ses études parce qu'elle ne pourra jamais vivre heureuse avec la double perte de son mariage et de son rêve d'enfance.

Créer votre vision en premier

Les problèmes pratiques, comme l'argent, le manque de temps, les besoins des autres, sont bien sûr importants, mais vous devrez y faire face plus tard, après avoir eu la vision de ce qu'une journée ordinaire de votre avenir idéal pourrait être. Ce n'est que lorsque vous aurez eu cette vision que vous trouverez l'énergie de surmonter les vrais obstacles. Voici un autre exemple pour illustrer ceci.

Lynne
« Je commence la journée en ouvrant les serres et en vérifiant la santé de mes plantes. Elles vont bien et mes nouveaux plants poussent. La serre des orchidées est un endroit merveilleux, et je prends mon petit-déjeuner au milieu de leurs couleurs et de leurs formes incroyables. J'ai un commerce qui fonctionne très bien et je réussis à prendre mes propres décisions et à régler mes problèmes. J'ai des assistants que je forme en horticulture. Ma famille est heureuse et je ne me soucie pas d'eux. »

Lynne a une vision magnifique, détaillée et complète de son avenir. Tout ce dont elle a besoin maintenant pour le réaliser c'est de courage et de détermination. Lynne sait que son rêve est possible. Elle pourrait le réaliser, mais elle est préoccupée par son financement. Évidemment! Mais l'aspect pratique de la *façon* de réaliser vos rêves fera l'objet d'un prochain chapitre.

L'argent est de toute évidence un problème pour quiconque rêve d'entreprendre un nouveau projet qui sera un gagne-pain, comme ce l'est pour Thérèse qui veut entreprendre des études à long terme. Quelqu'un mentionna que Lynne semblait avoir la bosse des finances et qu'elle pourrait sûrement se débrouiller avec les problèmes d'argent. Lynne se mit à rire. Les problèmes fiscaux d'une importante entreprise internationale sont peut-être amusants pour un expert, mais la responsabilité de sa propre affaire personnelle peut devenir un cauchemar. Tout comme dans le conte du cordonnier dont les enfants n'ont pas de souliers, il est souvent plus facile de mettre nos talents au service des autres que de nous-mêmes.

Je suis psychologue et ne suis pas une experte dans le domaine financier, et je n'ai nullement l'intention de vous donner des conseils dans ce domaine. Lorsque vous saurez ce que vous voulez vraiment – et ce livre est là pour vous aider –, alors il vous incombera de découvrir *comment* faire face aux problèmes d'ordre pratique. Mais la partie la plus difficile est la psychologie – lorsque vous vous donnez la permission de transformer vos rêves en réalité, tout est possible.

Certaines personnes, comme France et Dorothée, rêvent d'une vie où elles pourraient s'accomplir artistiquement sans devoir nécessairement en faire leur gagne-pain. Mais nous devons tous gagner notre vie et les familles peuvent parfois être une source de problèmes. Lorsque vous savez réellement ce que vous voulez faire, vous pouvez cependant effectuer les bons changements. Dorothée, par exemple, peut commencer à prendre plus de temps pour écrire durant la journée. N'avons-nous pas remarqué à quel point son pauvre moi intérieur étouffe ?

Il est psychologiquement intéressant de noter que, lorsque vous commencez à prendre du temps pour vous dans votre quotidien et que vous ne cessez pas immédiatement vos activités sitôt qu'un membre de votre famille vous demande quelque chose, votre entourage commence à réaliser qu'il doit aussi prendre vos besoins en considération. Vous pourriez penser qu'ils *devraient* penser à vous sans que vous ayez à en faire la demande, mais ils ne le feront probablement pas. Vous avez le devoir de penser à *vous-même* et de vous assurer que vous avez le temps de faire vos propres choses. Il y a différents types d'efforts à faire pour transformer des rêves en réalité.

Alors, analysez bien votre rêve et demandez-vous si vous êtes prêt à faire ce qui est nécessaire pour le réaliser. Si vous l'êtes vraiment, alors cette vision puissante de votre avenir vous soutiendra lorsque, comme tout visionnaire, vous devrez affronter les problèmes et les obstacles. Et alors vous réussirez.

NEUVIÈME CHAPITRE

À l'intérieur de la cocotte-minute

Maintenant que vous avez une vision inspirante de l'avenir, vous aurez l'énergie nécessaire pour traverser une dernière étape difficile. Il est en effet maintenant le temps de faire un bon ménage de printemps dans votre psyché, de jeter les débris, d'examiner tous les obstacles, de nettoyer, balayer et frotter dans les recoins les plus sombres jusqu'à ce que tout soit prêt pour que vous puissiez mettre sur pied un avenir heureux.

Consolez-vous lorsque ce sera difficile en vous disant que c'est la dernière étape. Vous vous êtes rendu jusqu'ici et vous avez survécu, alors ce qui doit être accompli ne doit pas être si terrible que ça, non?

Vous devez examiner à nouveau les pressions de votre vie et ce qu'elles exigent de vous. C'est ici que vous vous débarrasserez enfin des résidus encombrants de votre passé, que vous pourrez vider, nettoyer et agencer votre espace intérieur de telle façon que *vous* soyez à partir de maintenant le seul à faire des choix. Vous découvrirez comment prendre vos propres besoins en considération, laisser parler vos désirs et leur donner l'importance qui leur revient. Ici, vous apprendrez à dire aux voix démoniaques de votre cercle de vous ficher la paix avec leurs critiques insidieuses. Si vous avez le courage de faire ce dernier effort, vous découvrirez le chemin pour sortir de la vallée des ombres et vous diriger vers la lumière de l'espoir.

Traversez cette dernière épreuve et vous serez fin prêt à cesser de rêver et à commercer à vivre.

EXERCICE 14
Les obstacles de votre vie

1. **Faites une liste des pressions et des difficultés qui troublent votre vie. Écrivez ce qui vous vient en tête à ce moment-ci, sans penser à ce que vous avez écrit auparavant.**
2. **Puis comparez cette liste avec celle que vous avez faite pour les « choses qui vous contrarient le plus » à l'Exercice 7 (chapitre 4). Sont-elles identiques ?**

Les pressions qui changent de forme

Plusieurs de vos pressions et difficultés vous seront familières, mais vous trouverez parfois des différences étonnantes entre les deux listes. Regardez bien votre liste de choses qui vous contrarient le plus. Certaines de ces choses ne se retrouvent peut-être *pas* dans cette nouvelle liste car elles ne sont probablement pas des pressions importantes. Pouvez-vous les mettre de côté en les considérant après tout comme étant moins sérieuses ? Que vous disent-elles ? Que leur répondez-vous ?

Célia avait dit : « J'étais vraiment très préoccupée par le fait d'être une mère célibataire. J'estimais que cela était la pression la plus importante de ma vie. Mais le fait de ne pas avoir de conjoint ne m'apparaît plus comme une pression. Bizarre. »

Lorsque Célia s'était jointe au groupe pour la session de planification de vie, ses pensées au sujet de sa situation difficile étaient centrées sur les autres : l'amant qui l'avait laissé tomber et le stigmate social d'être une mère célibataire. Mais lorsqu'elle atteignit cet exercice, elle envisageait déjà des moyens pouvant l'aider à reprendre le contrôle sur sa vie. Le fait de réfléchir aux problèmes et aux difficultés d'une façon inhabituelle peut vous aider à briser les barreaux de votre prison et vous montrer comment vous en échapper.

La première liste de « choses qui me préoccupent » de Célia
Être seule
Être mère célibataire
L'argent
L'endroit épouvantable dans lequel nous vivons
Rendre Sam heureux

La nouvelle liste de pressions de Célia
L'argent
Trouver du travail
Déménager dans un endroit plus adéquat
Meilleur service de garde pour Sam

Vous pouvez constater que la plupart des difficultés sont toujours présentes, mais Célia a découvert une nouvelle façon de les envisager. Toutes ces pressions apparaissent maintenant d'une manière qui requiert une action de sa part.

« Ce qui est important, c'est de construire une vie pour Sam et moi, dit Célia. *J'aimerais* bien avoir un conjoint, un bon mari, mais je ne veux plus que ce soit une pression. » En était-elle certaine ? « C'est bien sûr ce que j'aimerais, mais je réalise maintenant que je n'y peux pas grand-chose. Alors je laisse les choses aller. »

Célia venait de faire un pas de géant. La majorité des gens veulent être aimés et avoir un compagnon de vie, et le fait d'avoir été abandonnée par un amant qui lui promettait tout ce dont elle rêvait a été très douloureux et dommageable pour l'estime de soi de Célia. Mais même si vous ne pouvez pas défaire ce que les autres font ni forcer une personne à vous aimer, vous pouvez certainement choisir la façon dont vous allez faire face au rejet et à l'abandon. Célia choisit de se relever, de faire l'inventaire de ses forces et de continuer sa vie, fièrement et seule. Elle prenait le contrôle. Hourra !

Nettoyer les étables d'Égée

Vous avez peut-être constaté que le poison des voix démoniaques s'est lentement écoulé dans les canaux que vous avez creusés en effectuant les exercices. La culpabilité et la honte s'accumulent dans nos psychés, tapies dans l'ombre, amassant tout un tas de saletés et de puanteurs, jusqu'à ce que le fond de notre inconscient finisse par ressembler aux étables d'Égée, que seul Hercule pouvait nettoyer. Et comme Hercule qui dut détourner une rivière pour nettoyer les étables d'Égée, vous pouvez vous aussi canaliser le pouvoir nettoyant de votre pensée pour vous débarrasser de tout ce fouillis. Oui, il s'agit d'une tâche herculéenne, mais vous en êtes capable !

Le simple fait de répondre à ces exercices suffit parfois pour enclencher le processus qui délogera des années de dépôts boueux.

Estelle, par exemple, mentionna que les choses avaient changé pour elle depuis l'exercice précédent. « Mon besoin d'avoir une maison parfaite et de l'argent est devenu une question personnelle. Maintenant que je cerne le problème, je réalise que je dois moi-même générer de l'argent. Je me sens habilitée à le faire. »

Ne désespérez toutefois pas si vous ne constatez pas encore de grands changements. Comme nous le verrons bientôt, il existe des moyens d'agir directement pour affronter ces voix démoniaques qui ont tellement d'emprise sur vous.

EXERCICE 15
À l'intérieur de la cocotte-minute

1. Dessinez un grand cercle sur une nouvelle feuille de papier. Au centre, dessinez un petit cercle dans lequel vous écrirez MOI. Nommez la feuille « À l'intérieur de la cocotte-minute. »
2. Tout comme vous l'avez fait dans un exercice précédent, prenez votre plus récente liste de pressions et de difficultés et divisez-la dans le cercle en portions appropriées.
3. Regardez à nouveau ces pressions et voyez ce qu'elles vous demandent.
4. Cette fois-ci, répondez-leur. Que dites-vous à ces pressions ? Acceptez-vous, rejetez-vous ce qu'elles disent, ou voulez-vous trouver un compromis ? Inscrivez vos réponses.

5. **Lorsque vous aurez terminé cette tâche, ressortez votre cercle de voix démoniaques et comparez les deux documents.**

Vous vous sentirez probablement à nouveau minable lorsque vous aurez terminé. Les voix démoniaques crachent encore leur venin et la vie semble encore assez lugubre. Cette fois-ci, par contre, vous aurez peut-être réussi à surmonter votre culpabilité et vos peurs pour découvrir ce que l'on attend vraiment de vous.

À quoi sert cet exercice ?

Martin se sentit incapable de faire cet exercice. « Trop de voix, trop d'idées et de gens dans ma tête qui me contredisent. Je n'y arrive pas. »

Si vous vous sentez comme cela, croyez-moi – et croyez tous les autres participants de ce cours –, il est important de faire l'effort d'affronter ces voix qui vous harcèlent dans votre tête. Vous constaterez que vous êtes peut-être comme Jeanne. Lorsqu'elle s'attabla pour exécuter cet exercice, elle écrivit presque une dissertation sur chacun de ses problèmes, comme nous le verrons un peu plus loin.

Plus il y a de voix et de contradictions, *plus il est important pour votre santé mentale de tout noter*. De cette façon, elles ne bouillonneront plus dans votre tête. Elles seront désormais à l'extérieur de vous, de sorte que vous pourrez regarder en face les pensées qui attaquaient votre bien-être et votre estime de vous-même et décider si vous êtes prêts à vous débarrasser de certaines d'entre elles.

Cela vous semblera peut-être difficile et vous vous sentirez probablement un peu ridicule. Vous aurez peut-être peur du fait qu'écouter ces voix signifie que vous devenez fou. Mais ne vous en faites pas : les « voix » qui indiquent que vous hallucinez sont très différentes. Si vous croyez que de vraies entités extérieures – Dieu, le diable ou un ange, par exemple – vous parlent et vous dictent des instructions, vous souffrez peut-être d'illusions sensorielles et devriez consulter un psychiatre. Mais si ces voix sont bien celles de ces détestables démons avec lesquels nous devons tous vivre – ces pensées personnelles qui nous tourmentent et nous critiquent –, alors il ne s'agit pas d'une manifestation de la folie. Elles sont la preuve que vous êtes parfaitement normal et que vous n'aurez plus à souffrir si vous avez le courage d'écrire ce qu'elles vous disent.

Tout d'abord, écoutez-les. Asseyez-vous tranquillement avec un stylo et du papier (plusieurs feuilles, au cas où vos voix seraient intarissables comme celles de Jeanne) et laissez votre pensée divaguer. Écrivez exactement ce qui vous vient en tête. Ne vous arrêtez pas pour vous corriger ou argumenter. Ne laissez pas ces pensées que vous êtes ridicule ou fou vous empêcher de réfléchir, écrivez-les plutôt sur votre feuille de papier. Elles font partie de ce que vos critiques intérieures veulent que vous pensiez. Continuez à écrire jusqu'à ce que vous ayez épuisé toutes vos pensées.

Respirez profondément et lisez ce que ces pensées vous ont dicté. Et répondez-leur. Écrivez ce que vous pensez vraiment de ces pressions, demandez des compromis si vous le souhaitez ou rejetez-les carrément. Utilisez ensuite les techniques que nous avons abordées dans ce chapitre pour affronter les pressions dont vous ne voulez pas dans votre vie. Souvenez-vous : c'est votre choix.

Il est temps de combattre, de penser à vous, de répondre à ces critiques et de rejeter les pressions dont vous ne voulez pas.

Regardons maintenant ce qui peut être fait.

Premièrement, confrontons les deux types de poisons qui peuvent obstruer vos pensées et qui n'ont aucune raison d'être. Vous avez peut-être déjà réussi à vous débarrasser de certains d'entre eux, mais il existe des techniques efficaces pour nettoyer de fond en comble les étables d'Égée.

Se débarrasser des décombres de l'enfance (1)

La première technique est très simple. Il s'agit de combattre ces idées qui ne vous appartiennent pas et qui proviennent plutôt d'inconnus sans visage : médias, politiciens, société.

Les difficultés qu'éprouvent Célia et Nathalie avec l'image des mères célibataires proviennent essentiellement des stéréotypes sur les rôles sexuels que projette la société. Les stéréotypes sexospécifiques envahissent nos pensées sans que nous en soyons conscients. (Pour une discussion approfondie de ces ramifications, voir mon livre précédent, *War of Words: Men and Women Arguing*.) Nous verrons bientôt comment de nombreuses femmes doivent exorciser certains aspects des pensées destructrices de leur vie avant de pouvoir progresser.

Une partie des décombres que nous devons déblayer a été déversée sur nous par d'autres : parents, professeurs, livres, magazines, télévision, société en général. Nous grandissons tous dans une société occidentale en « sachant » (entre de nombreuses autres choses) que :

a) les femmes sont bienveillantes et s'occupent des autres ;
b) les hommes sont froids, logiques et naturellement agressifs ;
c) si l'on vous aime, cela signifie que vous êtes une bonne personne ;
d) les enfants ont besoin de parents mariés qui s'aiment et restent ensemble ;
e) si vous êtes incapable de procurer cela à votre enfant, c'est la preuve que vous êtes immoral ;
f) nous vivons dans un monde juste, alors si la malchance s'abat sur vous, c'est sûrement que vous le méritez.

Aucune de ces croyances n'est vraie.
Mais même si vous êtes intellectuellement prêt à accepter que ces idées soient fausses, inexactes et dommageables, vous découvrirez au plus profond de vous que vous avez appris à y croire depuis que votre plus jeune âge.

Les faits :
a) Certaines femmes sont bienveillantes et s'occupent très bien des autres, mais certains hommes aussi. Certaines femmes n'y arrivent pas et aimeraient mieux faire autre chose.
b) Certains hommes sont froids et logiques, tout comme certaines femmes. Plusieurs hommes sont irascibles, impatients et explosent pour un rien (*idem* pour les femmes). La plupart des gens peuvent penser et discuter de façon

rationnelle, mais cela s'apprend (une notion qui appartenait autrefois aux hommes de notre société, mais plus maintenant). Il y a du vrai dans le fait que les hommes sont naturellement plus agressifs que les femmes, car la testostérone est un stimulant chimique naturel. Cependant, cette différence génétique s'observe plus fréquemment à l'adolescence et elle est rapidement oblitérée par l'apprentissage culturel. Lorsqu'ils sont dans la vingtaine, les hommes et les femmes agissent et réagissent de façon *apprise* et non programmée.

c) Si vous êtes aimé, c'est tout simplement que vous êtes chanceux. De nombreuses personnes détestables sont aimées des autres, tandis que plusieurs êtres chaleureux, adorables et généreux ne le sont pas.

d) Les enfants ont constamment besoin d'amour, d'affection et de soutien. Dans notre société de familles atomiques, il est peut-être préférable que les parents soient mariés, qu'ils s'aiment et qu'ils restent ensemble, mais ce n'est pas essentiel. Plusieurs enfants grandissent avec un seul parent (pour de multiples raisons) et deviennent des adultes heureux, équilibrés et productifs.

e) Le fait de ne pas se conformer à ce qu'une minorité bruyante considère comme « la bonne façon de se comporter » n'est pas une preuve d'immoralité. L'immoralité, c'est la malhonnêteté, la cruauté, le fait d'utiliser les autres à ses propres fins.

f) Nous ne vivons pas dans un monde juste. Ce serait merveilleux si c'était le cas, mais ce ne l'est pas. Si vous vous dites toujours « pourquoi moi ? » lorsque le malheur s'abat sur vous, alors vous fonctionnez probablement selon cette croyance. La réponse à cette question étant « pourquoi pas ? »

Nous devons reconnaître que toutes ces croyances – les stéréotypes sexuels, les impératifs moraux, la certitude que nous serons récompensés si nous sommes bons et ainsi de suite – sont des sottises usagées et démodées qu'il faut mettre à la poubelle une fois pour toutes.

Célia et Nathalie ont toutes deux dû accepter le fait que certaines personnes les « regardent de haut » et les critiquent car elles les perçoivent comme des « profiteuses, des bonnes à rien et des immorales ». Mais elles ont aussi appris qu'elles pouvaient ignorer ces idées dégradantes et ne leur laisser aucune place dans leurs pensées.

Se débarrasser des décombres de l'enfance (2)

Dans le chapitre sur les voix démoniaques, nous avons noté plusieurs indices prouvant que nos pensées sont encombrées de sottises issues de nos années d'apprentissage et qu'il existe aussi un autre type d'ordure ancienne et pourrissante qui encombre nos pensées. Nous en avons eu la preuve avec le cercle des voix démoniaques d'Estelle : il s'agit des idées destructrices ou dégradantes imposées par nos parents, dont les critiques mesquines survivent dans nos pensées sans que nous en soyons totalement conscients. Vous devrez peut-être faire un effort extrême pour détruire ces voix-là.

Il vous faudra du temps avant que vous ne réalisiez que vous agissez sous l'influence de vieilles idées que vous pensiez avoir pourtant rejetées plusieurs années auparavant. Mais elles sont maintenant inscrites en toute objectivité sur papier – donc à l'extérieur de vous-même –, vous pouvez les voir et les montrer aux autres si vous en avez le courage, et vous pouvez surtout les traiter comme ne faisant plus partie de vous. Vous pouvez décider de ce que vous voulez garder et de ce que vous voulez éliminer pour de bon de votre psyché.

Vous pourriez déchirer votre cercle de voix démoniaques, mais vous perdriez la preuve de la façon dont étaient les choses au moment où vous l'avez tracé. Une autre bonne façon de chasser ces éléments indésirables est de les écrire en grosses lettres sur une autre feuille de papier et de la détruire cérémonieusement. La meilleure méthode consiste à la brûler. Nous agissons souvent de façon symbolique et cet acte de destruction symbolique devrait rester marqué dans votre psyché.

Une autre technique que plusieurs de mes clients utilisent avec succès est de voir ces idées comme des pourritures de l'esprit devant être détruites mentalement. Visualisez que vous mettez toutes ces ordures psychiques dans un gros panier. Lorsque vous aurez placé tout ce que vous voulez éliminer dans ce panier, visualisez-vous avec votre panier sur une falaise surplombant la mer. Une montgolfière colorée remplie d'air chaud est attachée à votre panier. Vous lâchez les cordes du ballon et celui-ci s'élève lentement dans le ciel emportant votre panier de sottises vers la mer. Vous le regardez s'éloigner et vous savez qu'il s'abîmera dans l'océan à des centaines de kilomètres de la terre, où il sombrera sans faire de mal à personne. Vous en êtes débarrassé à tout jamais.

Dénoncer vos vrais problèmes

Confronter votre cercle de voix démoniaques à celui de la cocotte-minute peut être à la fois souffrant et libérateur. Lorsque vous placerez vos deux cercles ensemble et comparerez ce que vous avez écrit, vous découvrirez des éléments de votre psyché que vous ne voudrez probablement pas partager avec les autres.

Comme nous l'avons fait jusqu'à présent pour vous aider à apprécier l'utilité de cet exercice, nous allons regarder quelques exemples de la façon dont les autres participants ont accompli cette tâche. Commençons avec Diane.

DIANE
« Faire attention à MOI »

Souviens-toi de nous

Je ne vous oublierai pas

Cesse de négliger ton premier devoir de femme et de mère de famille

Foutaise !

Aide-moi dans mes études
Ne laisse pas les autres enfants me faire du mal

Mais je t'aide, ma chérie
J'essaierai de te protéger

Aide-moi. Protège-moi du caractère intempestif de papa

Je le ferai si je peux trouver le bon moyen de le faire

Je veux que tu te demandes : es-tu sérieuse ?
Comment peut-on accomplir quoi que ce soit sans consacrer temps et efforts à notre travail ?

Je suis sérieuse et je suis d'accord

Tu dois me donner toute ton attention
Toutes les autres choses doivent être faites lorsque je ne suis pas là

Impossible
Absurde !

Il est bon que tu aies un passe-temps, mais je t'en prie, ne t'attends pas à ce que j'encourage tes fantasmes mégalomaniaques

Ceci est inacceptable. Nous étions tous les deux d'accord pour que j'aie un endroit pour travailler. Ceci n'est pas un passe-temps et je croyais que tu le savais et appréciais cela.

(Amis, Peinture, Maison, MOI, Fille, Mari, Fils)

La liste des difficultés et des pressions de Diane n'a pas changé, mais ses demandes, elles, ont changé. Son premier cercle débordait du poison « tu ne fais rien de bon », salissant de blâme et de culpabilité tout ce qu'elle estimait. Elle peut maintenant « entendre » ce que ces pressions exigent d'elle et décider si elle veut s'exécuter ou non.

Comme vous le constatez, Diane accepte les pressions que cause sa peinture, ses enfants et ses amies parce qu'elle estime qu'elles sont raisonnables et en accord avec ce qu'elle veut. Elle prend son art très au sérieux et sait qu'elle doit s'y consacrer pour réussir. Les voix de substitution de ses amies n'envahissent plus ses pensées de culpabilité ; elles lui demandent simplement de ne pas les oublier. Ses enfants ne lui imposent plus la conviction qu'elle est une mauvaise mère ; ils lui demandent simplement de prendre conscience de leurs difficultés et d'essayer de les aider.

Comme plusieurs femmes, Diane estime encore que les pressions de son foyer ne sont pas raisonnables – dans sa pensée – et reconnaît immédiatement les débris non voulus du conditionnement social de son enfance. Son commentaire « Foutaise ! » est parfait.

Son plus gros problème est désormais mis en évidence. Elle sait que son mari s'attend à recevoir toute son attention et qu'il rejette son rêve de devenir peintre en le considérant un « fantasme mégalomaniaque ». Plus tôt, ses voix démoniaques l'avaient taxée de négligence, d'égoïsme et même de trahison. Cependant, maintenant qu'elle a creusé plus profondément, elle a découvert que, sous la couche boueuse de culpabilité qui lui était imposée se cachait la conviction que son mari n'a aucune confiance en son talent et aucune considération pour sa vocation. Elle réalise avec horreur que la trahison et l'égoïsme sont ceux son mari.

Le problème de Diane n'est pas financier. Son mari a accepté de subvenir à ses besoins pour qu'elle abandonne son travail et se consacre à la peinture. Mais un tel arrangement entre conjoints implique davantage que le simple pacte que l'un subvienne aux besoins de l'autre. Il doit aussi y avoir de la bonne foi, du soutien moral et une responsabilité conjointe. Le mari de Diane avait verbalement accepté d'encourager ses ambitions de n'importe quelle façon, mais lorsqu'elle devint peintre à plein temps, son attitude changea et il ne la perçut plus que comme une mère de famille ayant un passe-temps amusant.

Lorsqu'elle révéla cette histoire aux membres de son groupe, cela engendra une discussion autour de la table et l'une des femmes présentes lui suggéra d'« être reconnaissante » envers le fait que son mari ait accepté de subvenir à ses besoins. Diane était furieuse, en partie à cause du fait que son premier cercle de voix démoniaques lui avait dicté la même chose.

« Je lui *étais* reconnaissante parce que je croyais qu'il m'aimait et appréciait mon talent. Mais je ne suis pas reconnaissante de me faire traiter comme une petite femme ridicule ayant des fantasmes enfantins. »

Était-ce vraiment l'attitude de son mari ? Seuls Diane et son époux le savent. Mais il ne faisait aucun doute que son comportement envers elle l'avait amenée à cette conclusion. Ils auraient donc une sérieuse conversation lors de son retour à la maison.

Comment alléger le fardeau

Rose a un problème complètement différent. Son mari est décédé cinq ans plus tôt, la laissant avec trois enfants, une maison et une montagne de dettes. Elle a dû se battre sans relâche pour survivre. Vous souvenez-vous de son portrait ? Elle était seule avec un énorme sac et escaladait une montagne après l'autre. Nous savons ainsi qu'elle subit de nombreuses pressions.

Nous pouvons donc comprendre pourquoi elle se voit avec un énorme fardeau. Des voix dans sa tête lui disent que tout – son travail, ses enfants, sa maison et même sa solitude – relève de sa responsabilité. La pauvre, ses épaules doivent en effet crouler sous un lourd poids.

D'une façon sensée, Rose se permet de répondre.

Sa maison est très bien entretenue. Elle paie quelqu'un pour faire le ménage et rejette en bloc cette idée insidieuse qui affecte tant de femmes qui travaillent qu'elles ne sont pas à la hauteur si leur maison ne ressemble pas à une photo de magazine de décoration. Débarrassez-vous de cette idée ! Elle date de l'après-guerre et des années cinquante, quand la société voulait que les femmes restent à la maison et laissent le travail aux hommes.

Son travail ne devrait pas non plus être une source de pression. Rose le réalise lorsqu'elle examine ces craintes agaçantes qui la minent, comme plusieurs d'entre nous, jusque dans les confins de ses pensées. Nous nous sommes tous demandés, à un moment ou à un autre : Suis-je compétent ? Vais-je être à la hauteur ? Pensent-ils vraiment que je suis capable de faire ce travail ? Rose occupe son poste actuel depuis plus de quatre ans et elle sait – lorsqu'elle se permet de relaxer – qu'elle est appréciée et respectée pour ce qu'elle fait. Elle devrait être consciente

ROSE
« Tu es responsable de tout »

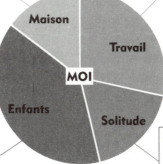

Maison / Travail / MOI / Enfants / Solitude

Tu as une belle maison et tu devrais t'en occuper comme il faut

Ne t'attends pas à ce que Denise (la femme de ménage) soit capable de la nettoyer aussi bien que toi

---

Je te donne suffisamment d'attention

Denise est très bien

Je refuse de me sentir coupable

Je suis une femme qui travaille

Alors voilà !

Tu dois te prouver des choses

Tu es chanceuse d'avoir ce travail et tu le sais

Ton employeur attend beaucoup de toi alors ne le déçois pas

Non

Je n'ai plus rien à me prouver

Je suis aimée et respectée. Mon employeur me le dit à chaque évaluation

---

Tu nous négliges

Nous n'aimons pas que tu sois fatiguée lorsque tu rentres du travail

Tu ne peux pas nous demander de t'aider, nous ne sommes que des enfants

Je veux que tu viennes me voir jouer à la journée sportive

Je veux que tu m'aides dans mes devoirs

Je veux que tu m'écoutes et que tu me donnes plus d'affection

Je veux que tu t'occupes de moi comme avant

Il est temps de passer à autre chose

Tu sais qu'il t'aimait, cela devrait te suffire

Tu n'as pas besoin d'un homme

Vous êtes des enfants gâtés pourris !

Bien sûr que vous devriez aider dans la maison

Je vais vous couvrir de baisers et je vais essayer de vous écouter

Nous devons nous aimer

Non, pas encore

Il me manque

Mais j'ai de très beaux souvenirs qui me rendent heureuse

de ce fait établi parce que son patron le lui répète souvent. Lorsque vous vous sentez envahie par ces peurs énervantes que vous êtes incapable, rappelez-vous toutes vos réussites, tous ces moments où vous avez excellé, ces occasions, même si elles sont rares, où l'on vous a dit : « Beau travail ! »

Les enfants de Rose représentent inévitablement une pression et un poids, comme tous les enfants le sont jusqu'à un certain point. Mais j'aime bien la réponse que Rose y donne : « *Vous êtes des enfants gâtés pourris. Bien sûr que vous devriez aider dans la maison.* » Bien sûr !

Je suis fermement convaincue que les enfants doivent faire partie de la famille et non être une entité séparée qui obtient tout ce qu'elle veut. Dans une famille où les parents travaillent, tout enfant qui est assez vieux devrait être encouragé à participer à la vie économique de la famille, une approche qui favorise un sens des responsabilités, de la coopération et un sentiment positif d'accomplissement. Même un enfant de 3 ans peut aider à mettre la table, à préparer le repas, à débarrasser, à ranger ses jouets et ses vêtements, à se préparer pour un départ plus rapide le matin. Lorsque les enfants vieillissent, certaines responsabilités peuvent leur être données. Dans l'excellente série télévisée *The 1940's House*, qui racontait la vie d'une famille durant la Seconde Guerre mondiale en Angleterre, le garçon de 10 ans avait la responsabilité de veiller chaque jour à ce que les membres de sa famille n'excèdent pas leur maigre ration d'essence. Il prit sa responsabilité très au sérieux, constituant un dossier et annonçant avec fierté un beau jour qu'ils avaient accompli l'impossible en consommant moins que leur ration quotidienne.

Dans nos foyers plus modernes, vous verrez peut-être l'utilité d'organiser régulièrement une petite réunion autour de la table, histoire de laisser parler les enfants et de leur assigner des tâches. Écoutez ce qu'ils ont à dire comme vous écoutez les voix cruelles de vos pensées. De la même façon, vous pourrez décider si ce que vos enfants disent est raisonnable ou si ce sont des foutaises pêchées à la télévision ou auprès des copains. Tout comme la démocratie proclame « pas de taxes sans représentation », les enfants peuvent dire « pas de responsabilités sans discussion », et tous devraient avoir le droit de s'exprimer.

L'amour restaurateur

Rose accepte le fait que ses enfants ont besoin de son amour et de son attention. Vous découvrirez peut-être dans votre cercle que vos enfants – du moins dans vos pensées – réclament votre amour. Ceci est une grande difficulté pour plusieurs parents qui travaillent. Beaucoup, et surtout les mères, sont tellement fatigués et épuisés qu'ils ont l'impression de ne plus rien avoir à donner à leurs enfants lorsqu'ils rentrent à la maison. Mais l'amour est un élément restaurateur. Des enfants heureux vous remonteront le moral, vous permettant grâce à leurs soins aimants de relaxer en leur compagnie et de recharger vos batteries. Écoutez-les et demandez-leur de vous écouter. Dites-leur à quel point vous êtes fatigué et pourquoi (sans blâmer ou culpabiliser qui que ce soit). Si vous avez un fils ou une fille assez vieux pour préparer une tasse de thé, il est probable qu'il ou elle aura déjà pensé à vous en préparer une. Si c'est le cas, dégustez-la. Sinon, suggérez-leur gentiment qu'une bonne tasse de thé leur ramènerait rapidement le papa ou la maman qu'ils attendent et voyez si vous pouvez les persuader de vous en préparer une. Un tel geste est beaucoup plus significatif qu'il ne semble – c'est un acte d'amour entre celui qui donne et celui qui reçoit en appréciant pleinement le cadeau (buvez donc avec plaisir même si le thé est imbuvable!). Les enfants adorent prendre soin de leurs parents si l'on se donne la peine de leur faire quelques suggestions.

La solitude est une « énormité » comme le disait Barbara. La mort d'un être cher n'est jamais facile à surmonter, et je ne suis pas certaine qu'il faille s'attendre à ce que l'on puisse toujours surmonter complètement une telle épreuve. Certaines pertes sont ressenties comme une mutilation, une amputation, et la vie n'est plus jamais tout à fait la même ensuite.

Mais Rose a raison. Même si son mari lui manque, elle peut se rappeler les bons moments passés avec lui et trouver une certaine joie dans ses souvenirs, ce qui est sain. Et qui est aussi un bon antidote contre les voix exaspérantes qui la gonflent de culpabilité lorsqu'elle se languit de lui, seule au beau milieu de la nuit. Elle s'ennuie parce qu'ils ont passé de merveilleux moments ensemble, qu'elle a gardés dans ses souvenirs.

Maintenant que le poison de la culpabilité et que le sentiment de ne pas être à la hauteur semblent se dissiper, Rose découvre que les pressions de sa vie sont réalistes, mais qu'elle ne doit pas forcément les voir comme un fardeau énorme. Son visage s'éclaircit et sa voix devint plus légère, plus musicale : « Toutes ces pressions que je subis cachent en fait d'assez bonnes choses, dit-elle. Je crois que mes enfants et moi allons vivre de bons moments maintenant. »

À L'INTÉRIEUR DE LA COCOTTE-MINUTE   169

Être vrai envers vous-même

Tous les cercles de cocotte-minute ne donnent pas nécessairement des résultats satisfaisants. Cependant, Jeanne, par exemple,

JEANNE
« Grandis et accepte ce que la vie est vraiment »

Tu es stupide

Tu prends des risques en t'empiffrant aussi souvent de cette façon

Tu agis parfois comme si tu voulais être grosse

Il y a deux forces en toi : la tentation, qui te demande sans cesse si tu as faim, et ton moi véritable et sensé, qui sait que tu agis de façon ridicule

Je ne veux pas lui faire de mal

Je crois que je dois

Il est tellement ridicule de passer autant de temps à se soucier de la nourriture

Qui pourrait bien se préoccuper de mon apparence ?

Tu es très injuste envers lui et tu le sais

Tu veux mettre un terme à votre relation mais tu es trop lâche

Tu es trop possessive et très égoïste

Copain

Nourriture

MOI

Autorité mesquine

Travail et ennui

Tu es trop arrogante et tu crois tout savoir

Il y a certaines choses dans la vie qu'il faut savoir accepter

Tu t'ennuies parce que tu n'as pas la bonne attitude face à la vie

Tu coupes trop les cheveux en quatre. Tu devrais plus souvent accepter les choses telles qu'elles sont et ne pas les questionner

Tu ne peux pas accepter que la vie se résume à manger, boire et respirer. Le problème, c'est que tu es contrariée par la futilité de la vie. Tu ne devrais pas avoir une vision aussi cynique des choses. Tu devrais apprécier davantage tes relations amoureuses et ne pas être aussi déprimée et cynique parce que tous ceux qui traînent au pub ne font que boire et parler

Il se pourrait que j'aie raison

Il ne peut pas y avoir que ça

Pourquoi ne serais-je pas vexée par une telle perte de temps ?

Il y a sûrement autre chose

découvrit que, sous sa culpabilité et sa peur de décevoir, se cachait une conviction très déprimante que la vie est inutile. Lorsque Jeanne commença à écrire ce que chacune de ses pressions lui disait, elle fut incapable de s'arrêter. Chaque pression la harcelait sans arrêt, à un point tel qu'elle écrivit presque une dissertation sur chacune d'elles. Le cercle n'en montre qu'un court extrait pour vous donner une idée. Nous constatons que Jeanne est très malheureuse et qu'elle a l'impression que si elle était plus mature, si elle « grandissait » un peu, elle serait en mesure d'accepter ce que tout le monde semble accepter. Mais elle en est incapable. Alors les voix continuent leur travail destructeur.

Lors de l'exercice sur les voix démoniaques, Jeanne constata qu'elle était envahie par la culpabilité et la honte, qu'elle s'inquiétait de décevoir sa mère, qu'elle avait une peur terrible d'échouer et de ne pas être aimée. Ici, cependant, nous remontons à la source du problème : elle nie la valeur de sa propre expérience.

« *Travail et ennui* » occupent près de la moitié de son cercle. Nous savons que Jeanne étudie à l'université, ce qu'elle n'aime pas. Mais son aversion pour les études se révèle ici être beaucoup plus profonde qu'il n'y paraît. Elle essaie de comprendre la vie et n'aime pas ce qu'elle découvre. De plus, tout le monde semble tout connaître mieux qu'elle.

Ses voix la martèlent de *devrait* : elle *devrait* accepter ce que tout le monde semble accepter. Elle ne *devrait* pas penser pour elle-même et couper les cheveux en quatre. Elle *devrait* se résigner à accepter ce qui lui semble futile. Elle *devrait* apprécier ses relations qui lui donnent pourtant l'impression d'être déséquilibrée.

« Devoir » est un mot qui respire la culpabilité et la honte comme un semi-remorque répand du sable et du gravier sur les routes glacées. Et le mot « devoir » cache toujours une question : « Pourquoi ? »

Pourquoi Jeanne devrait-elle accepter ce qui lui semble complètement inacceptable ? Réponse : parce que tous les autres le font.

Est-ce une bonne raison ? Réponse : non !

Jeanne me fait penser au personnage incarné par Julie Walters dans le film *Educating Rita*. Cette pauvre Rita se désespérait de tout un tas de choses : de la vie avec son mari, des longues soirées passées au pub, du fait que les gens s'imaginaient que sa vie ne se résumait qu'à travailler, boire et faire des bébés. Elle voulait quelque chose de *plus*. Comme Jeanne. La solution trouvée par Rita fut de s'inscrire à l'université… ce qui ne semble pas être la tasse de thé de Jeanne. Mais rien ne permet de supposer que Jeanne serait incapable de trouver quelque chose qui lui plairait vraiment, si seulement elle était prête à accepter le fait que ses propres sentiments et croyances sont plus importants pour elle que pour n'importe qui d'autre.

Jeanne a aussi un copain qui veut l'épouser. Elle sait que cette union serait un échec, mais elle est incapable de mettre un terme à leur relation qui est devenue ennuyeuse et terne. Les trois quarts de son cercle montrent de l'ennui et de la frustration : il n'est donc pas surprenant qu'elle soit obsédée par la nourriture lorsqu'elle ne retire aucun plaisir ailleurs.

Ses voix harcelantes étaient si fortes et insistantes, et Jeanne en avait tellement long à écrire, qu'elle fut d'abord incapable de répondre à l'exercice. Après avoir été persuadée d'essayer, elle finit par reconnaître que ses propres sentiments *pourraient* avoir de la valeur. Elle *pourrait* avoir raison. Si la plupart des minutes de sa vie lui apparaissaient comme une perte de temps, pourquoi ne serait-elle pas contrariée ? Oui, il *doit* sûrement y avoir autre chose. Elle n'a qu'à se donner la permission de regarder les choses de plus près. Elle réalisa aussi qu'elle avait essayé de protéger son copain de l'inévitable, ce qui était injuste pour tous les deux.

Le cercle de la cocotte-minute de Jeanne révèle la vraie nature de ses difficultés : *elle nie sa propre vérité*. Cette importante découverte lui permettra de faire des choix sensés pour les prochaines étapes de sa vie. Elle biffa sur sa feuille les mots « et accepter la vie telle qu'elle est » et écrivit avec espoir : « réaliser quelque chose de ta vie ! » Dans un prochain chapitre, nous verrons ce qu'elle a fait.

Reconnaître les faits désagréables

Le cercle de la cocotte-minute de Thomas en est un autre qui révèle une importante vérité ; mais pour lui, le combat n'est pas le même. Il découvre que, pour être honnête vis-à-vis de lui-même, il doit accepter un aspect de sa vie qu'il préférerait nier. Ce qui peut être une leçon fondamentale pour quelqu'un peut s'avérer une tout autre expérience pour quelqu'un d'autre.

Les pressions de Thomas font toutes des demandes exigeant de lui qu'il « agisse » et l'inondent de *devrait* culpabilisants. Un point important dans ce cas-ci est que Thomas a 75 ans et qu'il a manifestement moins d'énergie que lorsqu'il était jeune. Comme plusieurs personnes dans sa situation, il n'est pas heu-

THOMAS
«Allez, agis»

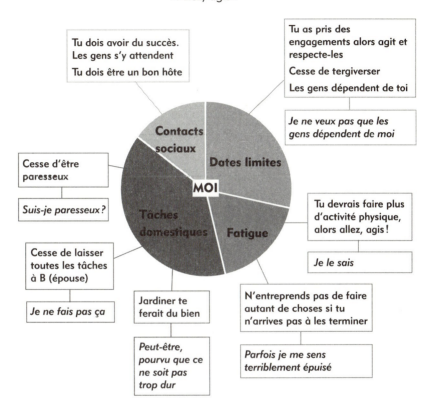

reux de vieillir. Il se met de la pression pour ignorer sa fatigue, terminer son travail à temps, en faire plus dans la maison et être l'hôte parfait qu'il a toujours été. Mais il est épuisé, et plus il écoute les voix de sa cocotte-minute, plus il se fatigue et se sent coupable.

Vous constaterez qu'il trouve extrêmement difficile le fait de répondre d'une façon positive à ces pressions. La vérité est qu'il doit trouver un moyen de se débarrasser de la plupart de ces pressions et d'accepter le fait qu'il n'est plus capable d'en faire autant que lorsqu'il était jeune, ce qui est très difficile pour bien des gens. Et Thomas continue donc de résister : « Mais j'ai vraiment tendance à être paresseux », proteste-t-il. Une remarque qui émane d'un homme qui nous annonça fièrement avoir entrepris une troisième carrière comme écrivain à 70 ans ! Ceci me fait penser à Bernard (voir chapitre 4) qui travaille de 10 à 12 heures par jour et qui se reproche d'être fainéant.

D'où proviennent ces accusations de paresse ? Elles peuvent être des résidus de l'enfance ou encore – comme nous l'avons vu pour Bernard – des pressions intériorisées issues d'une culture de l'ergomanie. La société occidentale est remplie de notions qui peuvent mener à l'ergomanie, comme celle qui est connue sous le nom d'« éthique protestante ». Celle-ci, d'après le *New Oxford Dictionary* (1998), introduit « la notion que le devoir et la responsabilité d'une personne consistent à réussir en travaillant de façon acharnée et en épargnant ». Il n'y a rien de fondamentalement faux dans cette déclaration, sauf si elle vous envahit et fait de vous une cocotte-minute qui menace d'exploser. Si vous avez ce problème, regardez bien d'où proviennent les pressions que vous éprouvez par rapport au travail. Le désir de réussir est une bonne chose si c'est là votre véritable ambition. Mais si ce désir provient d'une influence extérieure, débarrassez-vous-en.

Thomas résistait à toutes les suggestions qui lui étaient faites de réduire la pression en faisant moins de choses. Persuadé de creuser un peu et d'expliquer pourquoi il se sentait obligé de se bousculer, il réalisa que lorsqu'il était enfant et adolescent, ses parents s'attendaient à ce qu'il réussisse. Il avait l'impression de ne jamais avoir été à la hauteur de leurs attentes, et il devait donc compenser le fait d'avoir gaspillé son talent durant toutes ces années. Il s'agit ici d'une *pression intériorisée* qui provient de l'attente des autres et qui doit donc être considérée comme une sottise dont il faut se débarrasser.

Il s'exclama, inquiet : « Mais je n'ai plus beaucoup de temps ! Je voudrais faire tellement de choses ! » Il a raison. Il entend le tic-tac de son horloge biologique. Mais il n'a pas inclu *cette* inquiétude dans son cercle. Pourquoi ?

Thomas répondit qu'il ne ressentait pas son désir d'écrire des livres comme une pression. C'était, au contraire, un des seuls aspects agréables de sa vie. Si nous revenons au portrait de sa vie, nous constatons en effet que la réussite de sa troisième carrière lui apporte beaucoup de joie. « J'ai encore tant de livres à écrire avant de mourir », dit-il.

Il serait absurde de penser que le sentiment d'une mort plus imminente ne cause aucune pression, surtout si vous tenez à réaliser certaines choses avant la fin de votre vie. Mais Thomas doit comprendre que son désir d'écrire d'autres livres – une aspiration positive – est différent des pressions qu'il ressent dans les autres aspects de sa vie. Il doit donner plus d'importance dans sa tête à son âge avancé, à son énergie décroissante et à ses ambitions littéraires afin de pouvoir éliminer les « devrait » et les « doit », et rejeter son sentiment de devoir consacrer toute son énergie aux autres. Oui, je favorise parfois une bonne dose d'égoïsme, surtout pendant la vieillesse. Le fait de renier vos propres besoins n'est ni admirable, ni sensé.

Comme vous le constaterez dans le prochain chapitre, si vous n'arrivez pas à vous confronter à vos voix démoniaques et que votre cocotte-minute continue de faire pression sur votre psyché, vous serez incapable de progresser. Achevez le travail de ce chapitre, laissez les éléments difficiles de votre psyché flotter librement afin de vraiment *savoir* ce que vous devez affronter et occupez-vous ensuite d'eux, tel que suggéré. Ce n'est qu'après avoir effectué cette démarche jusqu'au bout que vous serez assez libre pour cesser de rêver à une vie heureuse et que vous pourrez vraiment commencer à vivre.

DIXIÈME CHAPITRE

Vous placer au centre de la scène

Maintenant que nous avons examiné les démons qui empoisonnent votre vie, analysé les pressions et les difficultés qui vous empêchent de réaliser vos rêves et entrepris de libérer votre psyché des excès de vos bourreaux intérieurs, il est temps de sortir de l'ombre et d'entrer dans la lumière. Le temps est venu d'agir de façon positive pour transformer votre vie.

« Enfin ! » vous dites-vous sûrement. Oui, le processus pour se rendre ici fut long, mais vous êtes maintenant bien armé, vous connaissez vos ennemis intérieurs et avez trouvé des moyens de les éliminer ou de les chasser de votre esprit. La prochaine étape consiste maintenant à assembler le tout et à faire en sorte que cela fonctionne *pour* vous afin que vous puissiez enfin transformer vos rêves en réalité.

EXERCICE 16
Assembler le tout

1. Revenez à l'Exercice 9 (chapitre 5) où vous avez noté ce qui vous donne du plaisir et le goût de vivre. Si ce n'est pas déjà fait, choisissez un mot ou une phrase qui vous donne le goût de vivre.

2. Sur une nouvelle feuille de papier, dessinez un grand cercle et placez un visage souriant au centre. Dessinez un autre cercle autour de celui-ci et inscrivez-y le mot ou la phrase qui vous donne le goût de vivre. Vous voilà au milieu du cercle, et vous vous sentez bien.
3. Divisez le cercle en sections représentant les facteurs les plus importants de votre vie. Nommez-les clairement. Écrivez ensuite ce que ces facteurs vous diraient pour s'assurer que vous restiez dans le cercle, souriant, vivant et heureux. Ceci sera très certainement différent de ce que vous avez entendu dans votre tête jusqu'à maintenant.
4. Réfléchissez à ce que vous pourriez dire – ou faire – pour y répondre.

Si vous éprouvez des difficultés avec cet exercice, il se pourrait que vous n'ayez pas terminé le nettoyage herculéen des sombres recoins de votre psyché. Vous devrez peut-être retourner à votre cocotte-minute pour trouver ce qui bout toujours. Cet exercice était conçu pour nettoyer les débris du passé et vous débarrasser de ces peurs enfouies qui vous empêchent d'être heureux.

Les terroristes de votre monde intérieur peuvent avoir réussi à déjouer vos explorations, et ils s'adonnent maintenant à une guerre intestine. Si rien ne vous vient en tête et si les facteurs les plus importants de votre vie n'ont rien à vous dire pour vous garder bien souriant au centre du cercle, alors c'est que vos démons ont envahi votre pensée. Examinons le cas de Martin.

Dans le chapitre précédent, nous avons vu que Martin avait décidé de ne pas faire l'exercice de la cocotte-minute, et qu'il n'avait toujours pas affronté « ces voix, ces idées et ces gens à l'intérieur de moi, qui me contredisent ». Ainsi, ses démons les plus puissants l'empêchaient toujours de planifier raisonnablement son avenir. Persuadé de pouvoir essayer cet exercice, il dessina un splendide schéma illustrant sa façon de voir sa situation.

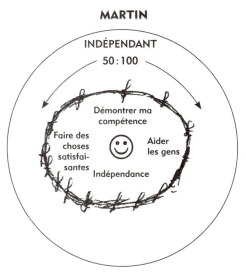

« Passer autour et non par-dessus : pensée latérale »

Il est conscient de ce qui le rend heureux d'être en vie. Le voilà au milieu de son cercle, démontrant ses compétences, faisant des choses utiles, aidant les gens tout en étant indépendant. Très typiquement, Martin a également refusé de résumer son sentiment d'être en vie en un mot ou une phrase. Il tient à conserver tous les éléments, de la même façon qu'il s'accroche aux différents projets qui l'aident à être et à demeurer indépendant. Martin veut-il vraiment subir le stress de réaliser de 50 à 100 projets en même temps ? Ou bien existe-t-il un élément qui le rendrait vraiment heureux ?

Malheureusement, le refus de Martin de creuser un peu plus profondément avec l'exercice précédent l'a empêché de confronter la mafia intérieure qui l'empêche de commencer à vivre comme il le désire : la confrérie de l'argent. Martin est en effet entouré, dans une position inconfortable, par une clôture de barbelés représentée par des signes de dollars. Il apparaît prisonnier et esclave d'une rançon à cause de son grand besoin de l'argent qu'il n'a pas.

Son groupe essaya de le persuader de parler à la clôture de barbelés et d'essayer de s'imaginer ce que cette clôture pourrait lui dire pour le rendre heureux.

« Rien », dit-il.

« Imagine-la qui rouille et disparaît », suggéra quelqu'un.

« Je ne peux pas faire venir la pluie », protesta Martin.

« Tu le peux dans ta tête », dit quelqu'un d'autre. Et un autre membre du groupe ajouta : « Allez, utilise ton imagination. Pense de façon positive, c'est le but de cet exercice. »

Il accepta d'essayer et écrivit une grosse note : « *Passe autour et non par-dessus : pensée latérale.* » Malheureusement, cela ne fonctionne pas plus, car il est impossible de faire le tour de quelque chose qui vous entoure. Le seul moyen pour Martin de détruire cette clôture de barbelés est de la mettre en pièces, reconnaissant qu'il s'agit d'une construction de sa propre pensée. Il doit la démanteler en examinant tous les éléments qui la composent. Dans l'esprit de Martin, ces signes de dollar représentent des bandits menaçants. Il a refusé d'affronter, à l'aide des techniques suggérées dans le chapitre précédent, le plus important de ses démons – l'argent –, alors celui-ci le commande encore, dominant son esprit, envahissant ses pensées et l'empêchant de penser d'une façon différente.

Si vous êtes dans la même position que Martin – incapable de réfléchir et d'avancer parce que vous êtes paralysé par un manque d'argent –, vous devez absolument écouter ce que vos peurs vous disent. Car votre problème n'est pas seulement l'argent lui-même, c'est aussi tout le bagage émotif que l'idée de l'argent véhicule dans votre esprit.

Bien sûr, les finances *sont* un problème, je ne le nie pas. Mais il s'agit d'un problème pratique qui doit être résolu de façon concrète, ce que vous pouvez faire une fois que vous vous êtes donné la permission de le faire. Avant de déterminer *comment* affronter vos finances, vous devez affronter votre propre psychologie. Vous devez exorciser vos démons, combattre le terrorisme à l'œuvre dans votre psyché et débarrasser votre esprit de sa mafia.

Vous devez aussi savoir ce que vous voulez réellement faire et ce que vous feriez si vos finances n'étaient pas un problème. Barbara le sait.

La psychologie de la croyance en soi

L'argent semble aussi être un problème majeur pour Barbara. Elle est épuisée, stressée, fatiguée parce qu'elle voudrait cesser de travailler à plein temps pour pouvoir se consacrer pleinement à sa créativité. Elle sait ce qu'elle souhaite entendre. Elle veut se faire dire que les membres de sa famille n'ont plus besoin qu'elle leur rapporte de l'argent, qu'ils ont suffisamment d'argent pour vivre et qu'elle en a déjà fait assez.

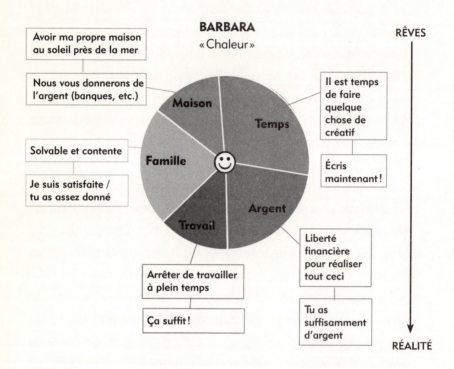

Cependant, il lui semble trop difficile de trouver un moyen pour que ces aspects importants de sa vie lui disent ce qu'elle veut entendre. Nous constatons que « Rêves » et « Réalité » sont reliés par une flèche, mais elle n'a cependant pas encore découvert ce qu'elle pourrait dire à sa famille – et à elle-même – pour obtenir cette réponse: « Tu as suffisamment d'argent, tu en as fait assez. »

Que pourrait-elle dire? Cet exercice est toujours difficile. C'est souvent parce que nous aimerions vraiment que nos proches – conjoints, enfants, parents, amis, collègues, patrons – nous offrent ce que nous voulons sans que nous ayons à le leur demander. Dans un monde idéal, nos êtres chers seraient gentils, attentionnés et généreux, nos patrons nous apprécieraient et nous récompenseraient, nos collègues nous admireraient, nos amis sympathiseraient avec nous et nous soutiendraient. Lorsque nous n'obtenons pas ces idéaux, nous avons tous tendance à penser que c'est de notre faute et que quelque chose chez nous ne fonctionne pas. Malheureusement, les gens vous donnent rarement ce que vous voulez et ce dont vous avez besoin sans que vous le leur demandiez. Mieux, ils ne vous donnent pas ce que vous voulez et ce dont vous avez besoin, même si vous le leur demandez. En réalité, à moins que vous ne soyez extrêmement chanceux, vous devez plutôt persuader les gens de votre entourage de vous laisser obtenir ce que vous voulez et ce dont vous avez besoin. Voilà où la psychologie intervient.

La psychologie humaine est très étrange. De nos jours, la majorité des sportifs les plus performants estiment que le fait de gagner ou de perdre est essentiellement une question de psychologie. Ils savent d'expérience que, même en étant en pleine forme et mieux préparés que jamais, ils s'empêcheront de gagner si, en dépit des performances de leurs adversaires, ils n'ont pas la pleine conviction qu'ils vaincront et ne visualisent pas leur victoire.

Un parfait exemple se produisit en 1997, lors de la finale du simple dames du tournoi de Wimbledon, lorsque Jana Novotna semblait être destinée à battre Martina Hingis. Novotna avait facilement gagné la première manche 6-2 et semblait imbattable. Du moins jusqu'à la moitié de la seconde manche, où son adversaire se mit à lutter avec beaucoup de détermination. Novotna perdit pour la première fois son service et ne s'en remit jamais. Son sentiment d'invincibilité s'écroula devant le vaillant sursaut d'Hingis et, pour une raison inconnue – une raison psychologique –, son jeu se détériora à partir de ce moment-là. À la surprise générale, Martina Hingis remonta la pente et remporta le tournoi.

Voilà ce qui nous arrive lorsque les gens de notre entourage ne répondent pas aux attentes que nous avons sur la façon dont un mari, une épouse, une fille, un fils, un parent, un ami, *devraient* se comporter. Nous perdons confiance en nous. Mais tout comme le joueur de tennis doit également composer avec la réalité du jeu de ses adversaires, nous devons nous assurer aussi que les gens de notre entourage savent ce que nous attendons d'eux. Et ils ne peuvent pas le savoir si nous ne nous exprimons pas clairement. Si nous sommes honnêtes avec nous-mêmes, nous avons donc plus de chances d'obtenir ce que nous voulons et ce dont nous avons besoin.

Barbara aimerait que sa famille lui dise : « Je suis satisfaite, tu nous as assez donné. » Afin que cela puisse se produire, elle doit y *croire*. Et en supposant qu'elle y croie, elle doit ensuite se *comporter* comme quelqu'un qui y croit. Ce qui signifie, par exemple, qu'elle peut choisir un moment approprié pour dire à sa famille : « J'ai décidé de prendre ma retraite (ou de travailler à mi-temps) dans X mois. » Pendant la discussion qui aurait lieu par la suite, elle pourrait mentionner qu'elle croit avoir donné le maximum à sa famille et qu'elle doit maintenant penser à son avenir et à sa retraite. Elle devrait rejeter fermement toute plainte concernant l'argent, sans colère ni émotion.

« Je suis désolée si vous vous sentez toujours insolvables, mais je ne peux malheureusement plus vous aider. »

Vous avez le choix

Si Barbara croit en son rêve, elle réalisera qu'elle ne peut plus gaspiller ses ressources pour les autres – et cela inclut aussi son temps.

Cela vous semble égoïste ? Très bien. C'est ce dont Barbara et les personnes comme elle ont besoin. Souvenez-vous, je vous ai mentionné au tout début que les gens égoïstes ne ressentiraient pas le besoin de s'intéresser à un livre comme celui-ci. Ce sont en effet ceux qui passent leur vie à penser d'abord aux autres qui ont besoin d'encouragement pour être enfin un peu égoïstes. Il existe un heureux équilibre entre les deux et la plupart des gens semblent pencher d'un côté ou de l'autre.

Thomas s'objecta en disant que cette approche était trop simpliste. « Nous devons tous faire des choses dont nous n'avons pas envie. » Non, nous ne devons pas – ou du moins peut-être pas autant que nous le pensons. Ce que j'essaie de vous faire comprendre, c'est que nous devons tous pouvoir *choisir librement* ce que nous faisons et ne rien faire simplement parce que nous pensons *devoir* le faire.

Ainsi, Barbara peut choisir de continuer ou non à soutenir les membres de sa famille. Mais si elle croit sincèrement leur avoir suffisamment donné et si elle souhaite maintenant que ses besoins aient préséance, alors ça suffit. Tout comme Thomas peut décider librement de se soumettre aux pressions de sa vie ou d'accepter son besoin de ménager son énergie. « C'est me demander de briser les habitudes de toute une vie », dit-il. Oui ! Un travail difficile, mais le résultat en vaut la peine. Les précieuses ressources de Thomas – dans son cas, l'énergie – seraient mieux utilisées à se défendre lui-même qu'à être gaspillées pour d'autres.

Il est un autre fait psychologique que les gens pour lesquels nous gaspillons notre temps et nos énergies sont souvent complètement inconscients des sacrifices que nous faisons et ne commencent à nous prendre au sérieux que lorsque nous nous mettons au centre de la scène, en pleine lumière.

Composer avec les personnes exigeantes

Le cercle de Dorothée est un bon exemple de ce qui peut arriver lorsqu'une personne qui s'est sacrifiée décide de penser aussi à ses propres besoins.

DOROTHÉE
« Jours magiques »

- Tu auras beaucoup de soutien
- Tu n'auras pas grand-chose à faire
- Problèmes et plaisir

Famille

Travail et argent
- Tu peux être bien payée pour faire un travail que tu aimes
- Un travail que j'aime

Développement personnel
- Étudier
- Créativité
- Tu trouveras l'inspiration, la joie et le plaisir

Relaxation
- Yoga
- Méditation
- Écriture
- Tu auras plus d'énergie

Vous vous souviendrez peut-être que Dorothée se sentait opprimée depuis un bon moment par le poids des sacrifices qu'elle faisait pour sa mère invalide, son mari exigeant et son travail stressant et pas assez rémunéré. Elle avait l'impression que, si elle pensait à ses propres besoins, elle serait égoïste. Cependant, en envisageant de faire ce qui la rendrait heureuse, elle réalisa que sa famille la soutiendrait et serait moins pressante. Elle pourrait aussi gagner plus d'argent tout en faisant quelque chose qu'elle aime. Ainsi, la moitié de son cercle était allouée à ce qui lui donnait un sentiment de réalisation et de bien-être.

Que Dorothée pourrait-elle dire à sa famille pour obtenir la réponse qu'elle attend ? Il n'est jamais facile de faire changer les membres de sa famille, surtout lorsqu'ils sont habitués à ce qu'on remplisse leurs moindres volontés. Les étapes suivantes vous donneront une idée de la façon dont vous pouvez effectuer ce changement.

Étape 1 : Reconnaître que vous avez des besoins dont vous devez vous occuper.

Parfois, lorsque les gens se sacrifient depuis des années et n'entrevoient aucune façon de s'en sortir, la seule évasion possible semble être la maladie. Le stress affecte le système immunitaire, vous laissant plus vulnérable face à de sérieuses maladies comme le cancer ou les défaillances cardiaques. Il arrive un moment où vous avez l'impression que vous pourriez presque *choisir* de tomber malade si vous le vouliez. Et cela est vrai, ce choix est partiellement le vôtre. Même si vous n'en êtes pas conscient, *lorsque vous ignorez les pressions de votre corps et de votre psyché, vous choisissez l'autodestruction* et, à la longue, vous y parviendrez. Ce n'est sûrement pas une coïncidence que Dorothée nous apprenne qu'elle a survécu à un cancer.

Étape 2 : Soyez très précis quant à la nature de vos besoins
Dorothée peut maintenant voir dans son cercle heureux ce dont elle a précisément besoin pour demeurer heureuse et équilibrée – ce qui inclut l'aide et le soutien de sa famille.

Il est préférable de déterminer avec justesse ce que vous entendez par « aide et soutien », parce que si vous êtes vague, les autres le seront encore plus – et vous n'obtiendrez pas ce dont vous avez besoin. N'oubliez pas que si l'aide venait spontanément, vous n'auriez pas besoin de la demander.

Étape 3 : Demander
Ceci est une étape importante et difficile. Vous pouvez dire « Je réalise que j'ai besoin de votre aide et de votre soutien », mais cela ne fait que poser des problèmes aux autres qui ne savent pas trop quoi faire. Il est préférable d'être plus précis. Exposez un problème qui peut facilement être compris et examiné conjointement.

Par exemple, vous pourriez dire : « Je réalise que le fait d'avoir un travail à plein temps, de m'occuper d'une personne invalide et de tout faire dans la maison est beaucoup trop pour une seule personne. Cela m'aiderait vraiment si tu pouvais t'occuper de X ou Y. »

Essayez de formuler le problème de la façon la plus positive possible, sans pour autant nier votre réalité, et posez ensuite une demande spécifique pour obtenir de l'aide, le but étant de persuader les personnes impliquées d'examiner ce qui représente un problème pour vous et de vous aider à trouver une solution.

Bien sûr, la réponse d'un sans-cœur serait : « Et alors, qu'est-ce que tu veux que j'y fasse ? », ce qui est souvent la première réaction des gens qui réalisent que le confort de vie auquel ils sont habitués risque d'être perturbé. Ils sont négatifs et découragent tout changement.

Vous pouvez refuser d'être découragé et insister pour que des changements soient effectués. Le seul moyen d'accomplir ceci malgré le tumulte émotif que vous allez provoquer est d'être absolument certain que vous avez raison. Vous *devez* vous défendre. Dorothée doit sauver son pauvre moi intérieur qui est affamé et qui suffoque afin de lui permettre de vivre, de respirer et de se développer.

Étape 4 : Faites des changements et respectez-les

Si, par exemple, vous avez dit « Cela m'aiderait beaucoup si tu pouvais t'occuper des courses », alors tenez pour acquis que l'autre fera les courses. Dressez-lui une liste détaillée et essayez de vous entendre sur le moment où les courses doivent être faites. Si nécessaire, envisagez des alternatives : « Serait-il plus facile pour toi d'y aller vendredi soir ou samedi matin ? » Soyez calme, raisonnable et ferme. Vous avez besoin d'aide. Assumez le fait que vous allez l'obtenir.

Il est vrai que les membres d'une famille peuvent parfois être durs et refuser de coopérer. Habituellement, ce n'est que pour mettre votre fermeté à l'épreuve. Lorsqu'ils se rendent compte que vous pensiez vraiment ce que vous avez dit et que vous êtes décidé, ils admettent généralement la justice du nouvel arrangement et acceptent de s'y plier. Si cette méthode fonctionne, alors récompensez les membres de votre famille avec des sourires, des baisers et des étreintes.

Si, par contre, les membres de votre famille se montrent vraiment durs et égoïstes, alors il vous faudra décourager leur comportement désagréable. Récompensez un bon comportement, mais pas un mauvais. Vous pourriez par exemple supprimer les friandises ou cesser de repasser les chemises. Ou bien, pour aller à l'extrême, affirmez clairement que vous ne cuisinerez plus pour ceux qui refusent de vous aider. Ils devront alors s'occuper d'eux-mêmes et vous saurez ce qui les fera bouger.

Voyez les membres peu coopératifs de votre famille comme des chiens récalcitrants qui doivent être dressés. La colère ne fonctionne pas, ni la provocation. Appliquez simplement le principe de la récompense lorsque quelque chose a été accompli et celui de la punition pour un mauvais comportement. Cela fonctionne toujours.

Vous vous sentirez évidemment plein de remords et aurez envie de vous excuser. Comme vous n'êtes pas habitué à vous affirmer, vous vous sentirez coupable lorsque les membres égoïstes de votre famille vous diront que vous n'êtes pas gentil. Ils peuvent même aller plus loin et vous dire que vous êtes mentalement instable ou que vous êtes au bord de la dépression. Rejetez tout cela. Voyez cette turbulence émotive pour ce qu'elle est vraiment : la lutte aveugle que les membres de votre famille vous livrent pour retrouver le confort qu'ils avaient lorsque vous dépensiez toute votre énergie pour *eux*.

Vous constaterez que le fait de faire des changements importants dans votre façon d'agir avec les membres de votre famille peut occasionner des moments difficiles au début. Les enfants gâtés, tout comme les chiens mal élevés et les adultes égoïstes, se révoltent toujours lorsqu'on leur enlève ce à quoi ils sont habitués. Mais pourquoi leur mauvais comportement devrait-il être récompensé? Vous devez être fort et ferme. N'oubliez pas cette certitude nouvellement acquise que vous devez effectuer des changements et calmez vos nerfs par des images de vous, souriant au milieu de votre cercle et heureux d'être en vie. Demeurez calme et concentré. Ils finiront bien par apprendre. Et vous serez finalement *tous* plus heureux.

Attention à l'orgueil de l'humilité

Un autre aspect du comportement d'autosacrifice doit être examiné : il concerne ceux qui sacrifient leur propre vie pour servir les autres et qui sont parfois motivés par un sentiment très fort de supériorité morale. Certaines personnes éprouvent en effet un réel sentiment de satisfaction en sachant qu'elles sont indispensables et que les autres dépendent d'elles pour leur bien-être et leur bonheur. Elles peuvent éprouver de la fierté en sachant que personne d'autre n'est aussi attentionné, bienveillant et aimant qu'elles, et elles croient que leurs sacrifices font d'elles de meilleures personnes. Vous aurez peut-être à creuser un peu plus pour démasquer ce démon – l'orgueil – qui se cache sous le visage d'un ange.

Ce démon est très puissant et il réussit souvent à avoir raison de ces personnes qui se sacrifient mais qui aspirent à la liberté. L'église catholique a toujours été consciente des dangers et des difficultés de ceux qui pêchent par humilité et autosacrifice. Si vous découvrez ce démon en vous, je vous prie de ne pas vous complaire dans la culpabilité ni de vous flageller. Il s'agit seulement d'un démon de plus à exorciser.

Soyez gentil, généreux, attentionné et aimant envers les autres, mais mettez aussi vos besoins dans la balance. Vous devez leur donner l'attention qui leur revient. Et sachez que ce n'est pas faire preuve de gentillesse, ni de générosité, ni d'amour que d'empêcher les êtres chers de tirer une leçon importante : ils doivent eux aussi être responsables de leurs actions.

Trouver un équilibre

Lynne semble avoir réussi à exorciser ses pires démons. Lorsqu'elle entreprit le programme de planification de vie, toutes ses inquiétudes tourbillonnaient en cercle dans sa tête (voir chapitre 4) et elle ne parvenait pas à réfléchir. Elle sait maintenant ce qui la rendrait heureuse. Lorsqu'elle se place au centre de la scène, tous les éléments importants de sa vie s'équilibrent.

Vous verrez qu'elle n'a pas quitté son travail qui lui procure un bon revenu et beaucoup de satisfaction. Elle l'a simplement mis en perspective et lui a donné l'espace qui lui revient. Elle alloue un tiers de son cercle à son rêve d'horticulture et planifie de veiller à ce que son travail ne monopolise pas toute sa journée afin qu'elle puisse avoir du temps pour réaliser certains projets dans ses serres. Elle imagine les membres de sa famille heureux, vivant leur vie, et voit la famille réunie le soir. Ceci représente un changement énorme parce que, jusqu'à maintenant, Lynne a dû travailler la plupart du temps loin de chez elle.

VOUS PLACER AU CENTRE DE LA SCÈNE

LYNNE
« Participer. Réaliser »

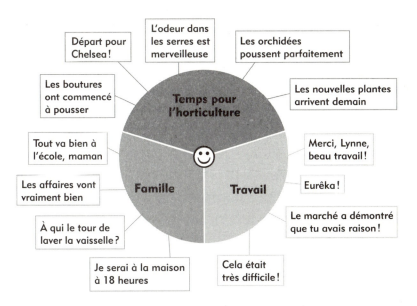

Que doit-elle dire pour obtenir les réponses positives que l'on trouve dans son cercle ? Elle sourit et dit : « C'est à moi de faire en sorte que cela se réalise. » Il est vrai que la plupart des réponses proviennent essentiellement de son propre sentiment de réalisation, de son désir de réussir et de sa préparation psychologique, ce qui affecte tous ceux qui l'entourent.

« Je comprends parfaitement ce que vous voulez dire par être prêt psychologiquement pour la réussite, dit-elle. C'est ce que je fais avec mon équipe au travail, je les aide et les encourage à croire en eux. Mais j'ai oublié de penser à moi ! »

Souvenez-vous de la citation de Nelson Mandela que l'on retrouve au début de ce livre :

Notre plus grande peur n'est pas d'être incapable.
Notre plus grande peur est d'être tout-puissant.
C'est notre lumière et non nos ténèbres qui nous effraie le plus.

Parfois, les peurs qui nous empêchent d'atteindre le bonheur n'ont rien à voir avec la crainte d'être perçu comme une personne égoïste. Parfois, ces peurs incarnent notre crainte que les autres, et surtout ceux que nous aimons, ne se sentent pas à la hauteur.

Comme plusieurs femmes qui réussissent très bien, Lynne gagne beaucoup plus d'argent que son mari, ce qui la plaçait dans une double contrainte. D'un côté, elle ne voulait pas qu'il se sente inférieur et elle l'encourageait à réaliser son rêve de démarrer sa propre entreprise grâce à l'aide financière qu'elle pouvait lui apporter. D'un autre côté, elle ressentait comme un fardeau le fait d'avoir à subvenir aux besoins de sa famille. Elle estimait devoir justifier les exigences de son travail en procurant à sa famille des cadeaux somptueux, une belle maison, des voitures, des vacances à l'étranger, un cheval pour sa fille, un ordinateur pour son fils. Tout cela se traduisait par des heures de travail de plus en plus longues. Il n'était donc pas surprenant qu'elle se sente « incapable » (voir chapitre 4). Qui pourrait se sentir à la hauteur si les objectifs changent constamment ?

Mais Lynne a maintenant une vision de l'avenir qui lui permet de vivre une vie plus équilibrée. Oui, elle continuera à travailler parce qu'elle aime son travail, mais elle travaillera moins et ne voyagera plus chaque semaine. Et si ses patrons n'apprécient pas son changement d'attitude, alors elle cherchera un autre travail. Sa confiance en ses compétences n'est plus minée par ses voix démoniaques. Elle sait qu'elle excelle dans son travail. Elle n'a pas peur d'ébranler la confiance de son mari parce qu'elle apprécie ses qualités qui sont différentes des siennes. Souvenez-vous des paroles de Nelson Mandela :

Vous ne rendez pas justice à l'Univers en jouant petit.
Il n'est pas sage de minimiser votre potentiel pour que ceux qui vous entourent ne se sentent pas menacés par vous.
[...]
Et lorsque nous laissons notre lumière briller, nous donnons inconsciemment aux autres la permission de faire de même.

Laisser votre propre lumière briller

Le cercle d'Estelle était si original et créatif que nous l'avons reproduit tel quel, afin que vous puissez voir comment une personne peut réussir à accomplir cet exercice en réfléchissant et en notant les solutions à ses problèmes. Estelle a décidé de laisser sa propre lumière briller. Elle a réalisé qu'elle pouvait agir pour effectuer les changements qu'elle désirait. Elle n'a plus à être la « bonne petite femme » passive que ses démons intérieurs exigeaient. Son cercle heureux est entouré de commentaires chaleureux et aimants qui viennent la réconforter.

Que doit-elle faire pour obtenir ces réponses positives et chaleureuses ? Nous constatons qu'elle s'est déjà donné la permission d'assurer son propre bonheur. Ses actions se retrouvent au centre du cercle, entourant son moi souriant, heureux et sensuel.

ESTELLE
« Sensuelle »

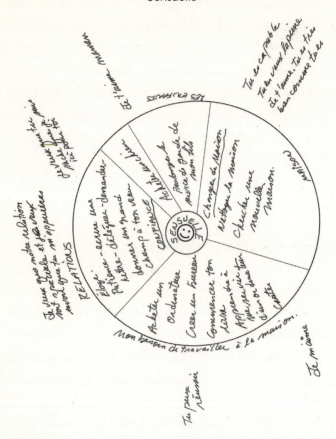

La section la plus large du cercle est allouée à son besoin de gagner elle-même son argent, de se libérer du sentiment que seuls les hommes ont le droit de le faire. Comme nous l'avons vu auparavant, Estelle s'en est sentie autorisée par sa prise de conscience qu'elle pouvait être la solution à son besoin de richesse et à son souhait d'avoir une belle maison. Elle a décidé qu'elle pouvait endosser la responsabilité de réaliser ses désirs et de gagner ses propres revenus. Elle envisage donc « *d'acheter un ordinateur, aménager un bureau, commencer son livre et apprendre à se servir d'un ordinateur* ». Et peut-être même de voir comment publier elle-même son livre.

Une autre large section de son cercle se nomme « *Changer de maison* ». Elle attache beaucoup d'importance à l'endroit où elle vit, comme plusieurs personnes. Ayant découvert qu'une maison de rêve fait partie de son avenir heureux, elle est déterminée à agir. Elle a décidé de « *nettoyer la maison et d'en chercher une nouvelle* » afin de réaliser son rêve d'un foyer idéal.

Ces éléments sont inévitablement liés à son ambivalence concernant les services de garde. Plus tôt, Estelle nous avait révélé son trouble généré par sa conviction – et probablement aussi celle de son mari – qu'une « bonne mère » devait être avec son enfant 24 heures sur 24. Mais maintenant qu'Estelle a décidé de prendre sa vie en charge et qu'elle est déterminée à gagner de l'argent et à changer de maison, elle aura besoin d'un service de garde afin d'avoir le temps nécessaire pour réaliser ses projets. Toutefois, elle n'entrevoit pas de problèmes avec son fils, qu'elle entend lui dire : « *Je t'aime, maman.* »

Reste la plus grosse section de son cercle, nommée « *Relations* », qui représente principalement sa relation avec son mari. Estelle avait découvert que les voix démoniaques dans sa tête lui avaient fait croire qu'il revenait à l'homme de faire les démarches nécessaires pour assurer une relation de couple harmonieuse, et que si son mari ne lui montrait pas son amour, c'était parce qu'elle ne le méritait pas. Mais Estelle réalise maintenant – pas seulement intellectuellement, parce que nous le *savons* tous, mais à un niveau plus profond – qu'une relation requiert l'investissement des deux personnes. Elle aussi doit contribuer à la relation et ne pas être passive. Elle a donc songé aux besoins de son mari et aux moyens qu'elle pourra utiliser pour le rendre heureux et obtenir de lui les réponses qu'elle désire. Elle le louangera et n'attendra plus qu'il fasse les premiers pas.

La psychologie de l'amour
Estelle avait écrit « donner un grand champ à ton veau » et expliqua : « Il a besoin d'espace. Je le réalise maintenant. J'ai confiance en son amour et je ne dois pas m'accrocher à lui comme s'il allait s'enfuir. Il ne partira pas. Je sais qu'il m'aime. C'est à moi de l'aider à me le montrer. »

Évidemment, nous ne savons rien du mari d'Estelle. Mais si elle a raison et sait que son mari l'aime et qu'il préférerait une relation harmonieuse si le choix lui était offert, alors Estelle est assurément sur la bonne voie.

La psychologie de l'amour nous enseigne que nous ne pouvons jamais forcer quelqu'un à nous aimer. Vous pouvez manipuler quelqu'un ou le contraindre à prétendre l'affection – en l'achetant, par exemple. Ce peut être en procurant de la compagnie à celui qui se sent seul, une protection à celui qui a peur, un foyer à celui qui est sans-abri, un revenu à celui qui est ruiné, en offrant un statut social, du pouvoir, du sexe, un entretien domestique ou un service de garde gratuits. Beaucoup de gens font semblant de s'aimer et, pour plusieurs raisons, restent ensemble dans des relations sans amour. Si vous lisez ce livre, c'est probablement parce que vous êtes à la recherche de quelque chose de mieux. L'image d'Estelle de « donner à son veau un plus grand champ » est un exemple parfait pour savoir si votre amour mérite d'être protégé.

Quelle réaction avez-vous lorsque quelqu'un vous dit : « J'ai besoin de toi » ? Je sais que la mienne est très négative. Je n'ai jamais dit cela à mon mari et il ne me l'a jamais dit non plus. Et j'aurais honte de le faire. Je peux dire à l'occasion : « J'ai besoin que tu comprennes comment je vois telle ou telle chose. » Mais le fait d'avoir besoin émotionnellement d'une autre personne est un gros NON.

Je ne parle pas des vrais besoins. Les bébés et les jeunes enfants, par exemple, ont *besoin* de soins particuliers et d'être aimés, tout comme les victimes d'un désastre ou d'une maladie sérieuse ou ceux qui sont très vieux. Non, je parle de cette dimension de besoin psychologique que plusieurs personnes associent à de l'amour. Qu'un adulte dise « j'ai besoin de toi » à un autre adulte est censé être une preuve d'un amour profond, éternel et romantique. Cependant, l'amour entre adultes ne peut être profond et heureux que s'il *existe* entre adultes, et pas si l'un des deux joue le rôle de l'enfant.

Estelle illustre l'exemple parfait d'une femme ayant entrepris le programme de planification de vie avec le sentiment réel de ne pas être à la hauteur, et donc d'être incapable d'aimer son mari de manière égale. Elle avait besoin de lui plus que lui ne pourrait jamais avoir besoin d'elle et, dans son cercle de démons, elle découvrit pourquoi. Elle avait intériorisé toutes ces vieilles idées destructrices de ce que doit être la « femme parfaite » – ce qu'aucune d'entre nous, avouons-le, ne peut être ; il y a donc eu échec dès le départ. Après avoir appris ce que la plupart de nous savons au sujet des différences entre les hommes et femmes, Estelle avait inévitablement peur qu'aucun homme ne veuille l'aimer si elle lui révélait qui elle était vraiment dans son for intérieur. Puisqu'elle avait trouvé un homme qu'elle aimait vraiment et qu'elle pouvait épouser, comment pouvait-elle le mettre au courant de ses besoins secrets ? Si elle lui demandait quoi que ce soit, elle ne ferait que démontrer qu'elle ne méritait pas son amour. Et comme elle ne pouvait lui laisser savoir ce qu'elle voulait, il ne disait inévitablement jamais la bonne chose ou ne faisait jamais le bon geste au bon moment. Cette pauvre Estelle se sentait désespérée, voulant d'un côté s'accrocher à cet homme et, de l'autre, s'attendant à ce qu'il la quitte parce qu'elle ne méritait pas d'être aimée. Que nous avons le don de nous ramasser dans de tels bourbiers !

Vous constaterez les progrès qu'a accomplis Estelle. Il est toujours difficile d'acquérir de nouvelles habitudes et c'est probablement pour cela qu'elle se dit d'être patiente. Elle a bien sûr absolument raison. Lorsque vous modifiez votre comportement, cela cause toujours un choc à ceux qui vous entourent et, en général, ils attendent anxieusement que vous reveniez à vos anciennes habitudes. Vous avez alors tous besoin de temps – et d'espace – pour absorber ces changements et constater leurs conséquences sur votre vie quotidienne. Estelle entend donner à son mari la liberté de l'aimer à sa façon. Il est tellement plus facile d'aimer quelqu'un qui ne l'exige pas comme si c'était un droit acquis.

Maintenir son équilibre

Il n'est pas aussi facile qu'il le semble de se mettre au centre de la scène. La plupart d'entre nous avons été bombardés tellement longtemps par le message qu'il est égoïste et immoral de penser d'abord à soi que nous avons perdu cet égocentrisme innocent que nous avions lorsque nous étions enfants. Je ne me fais pas l'apôtre d'un retour à l'égocentrisme – car nous connaissons tous des gens dont l'égocentrisme est si grand qu'ils semblent ne pas avoir grandi. Non, je recommande seulement l'importance de réaliser que nous sommes tous importants et que nous devons parfois mettre nos propres besoins au centre de la scène, sous les feux des projecteurs, afin qu'on y prête attention.

Lorsque vous découvrez que vous êtes aussi important que quiconque, vous en ressentez un grand sentiment de libération. Estelle, par exemple, a réalisé qu'elle n'a pas besoin d'avoir peur et de s'accrocher à son mari puisqu'ils peuvent très bien être indépendants et s'aimer tout autant. Dorothée a aussi réalisé qu'elle a besoin que les membres de sa famille l'estiment, l'aident et la soutiennent, de la même manière qu'ils s'attendent à ce qu'elle fasse des choses pour eux. En se mettant au centre de la scène, elle a constaté que la moitié de son cercle pouvait être allouée à ses besoins et aux activités qui la rendent heureuse, et qu'elle pouvait consacrer l'autre moitié à prendre soin de sa famille et à gagner l'argent que tous réclament. Et Lynne aussi a découvert qu'elle peut réaliser ses propres désirs et être heureuse tout en conservant un équilibre entre sa famille et son travail.

Mettez vos propres besoins dans la balance et découvrez comment être égoïste, pas trop, mais suffisamment. La clé étant l'équilibre.

ONZIÈME CHAPITRE

Transformer ses rêves en réalité

Si vous avez eu le courage de faire tous les exercices, vous aurez déjà accompli beaucoup lorsque vous arriverez ici. Vous aurez découvert comment affronter vos démons, vous aurez appris à laisser sortir la vapeur de votre cocotte-minute et aurez une bonne idée de ce dont vous avez besoin pour vous sentir heureux et en vie.

Maintenant, quelles étapes finales allez-vous entreprendre pour cesser de rêver et commencer à vivre ?

EXERCICE 17

Regarder vers l'avenir

Repensez à nouveau, et en détail, à votre journée idéale dans 3 ou 4 ans. Écrivez ce que vous ferez, ce que vous ressentirez et aussi ce que vos proches feront.

Votre tâche maintenant est d'imaginer de quoi aurait l'air votre vie et comment vous vous sentiriez si vous faisiez ce que vous – c'est-à-dire le vrai moi de votre for intérieur – vouliez vraiment faire. Que voyez-vous lorsque vous vous réveillez le matin ? Où êtes-vous et comment passez-vous la journée ? Comment vous sentez-vous lorsque vous vaquez à vos occupations ? Qu'entendez-vous? Que sentez-vous? Essayez de vivre une journée entière dans votre imagination et découvrez la vérité sur les rêves de votre avenir.

Ne vous restreignez pas à ce qui vous semble «réaliste». Maintenant que vous vous connaissez beaucoup mieux, que feriez-vous si vous pouviez réaliser vos rêves?

C'est le moment d'examiner honnêtement vos rêves et d'envisager ce que serait votre vie si vous aviez le courage de la réaliser. La seule «limite réaliste» à vous imposer est que la réalisation de vos rêves ne doit dépendre que de *vous*.

Thérèse avait dit: «Je ne sais pas comment je pourrais gagner cet argent.» Il est vrai que le manque d'argent est une limite qui semble empêcher la réalisation des rêves de bien des gens. Cependant, lorsque vous êtes absolument sûr de ce dont vous avez vraiment besoin pour vous accomplir, l'étape suivante consiste à savoir comment vous y prendre. Et cela inclut les finances. Nous allons aborder cette question dans l'Exercice 18 (voir page 209).

Transformations simples

Certaines personnes découvrent que les changements qu'elles doivent faire ne sont pas aussi drastiques ou terrifiants qu'elles l'avaient cru. Rose, par exemple, a réalisé que sa vie serait plutôt telle qu'elle la voudrait si elle parvenait à accepter que son mari ne soit plus avec elle, sauf en mémoire. Elle doit donc modifier ses attitudes face aux divers éléments de sa vie. Elle rêve maintenant de poursuivre son voyage à travers la vie dans un paysage totalement différent, laissant derrière elle les montagnes et se dirigeant vers de larges vallées verdoyantes pleines d'arbres, de fleurs et de cours d'eau. Ses enfants sont avec elle, ils rient et jouissent du décor, et son énorme fardeau a disparu.

Pour Rose, le changement le plus important fut de changer le paysage dans sa tête. Soulagée du poids de la culpabilité, du remord et de l'inquiétude constante, elle a senti qu'elle pouvait se permettre de cesser de rêver du passé et de ce qui aurait pu être pour se donner – ainsi qu'à ses enfants – la permission d'apprécier les richesses de leur vie actuelle.

Irène ne désire pas non plus faire de changements radicaux dans sa vie quotidienne, mais elle a réalisé qu'elle devait créer des occasions d'avoir du plaisir et de divertir les autres. Sa journée d'avenir idéale révèle ainsi son ambition de monter sur scène devant un public, un désir qu'elle ne faisait que soupçonner auparavant. Elle n'est pas encore certaine de ce qu'elle veut faire de cette ambition, mais elle se promet de ne plus faire comme si elle n'existait pas.

Bernard et Thomas font aussi partie de ceux qui ont découvert que les principaux changements qu'ils devaient faire étaient dans leur tête. Tous deux, bien qu'ils vivent des vies très différentes, se rouaient de coups comme de cruels cochers battent les chevaux qui ont déjà donné le meilleur d'eux-mêmes. Ils font tous les deux un travail qu'ils aiment vraiment, tous deux semblent avoir réussi, et comme ils ont tous les deux peur d'avoir l'air paresseux, générant eux-mêmes leur propre stress, leur anxiété et leur détresse. Les angoisses de Bernard étaient encore plus sérieuses, car il avait en plus peur de l'échec. Mais en examinant leur journée d'avenir idéale, ils ont réalisé tous les deux que leurs ambitions étaient parfaitement réalistes. Ce dont ils ont besoin pour réaliser leurs rêves, c'est d'avoir confiance en eux. Chacun a réalisé aussi qu'il avait inclu une importante notion de plaisir dans sa journée idéale : Bernard a trouvé le temps de faire de la voile pendant deux heures, et Thomas, qui a anticipé recevoir de bonnes redevances, s'est promené sur une falaise au coucher du soleil et a lu de la poésie à sa femme.

Changements radicaux

Certaines autres personnes doivent faire des changements plus radicaux. Nous avons déjà constaté que Dorothée devra travailler très fort pour cesser de rêver et commencer à vivre.

Lorsque votre avenir idéal comporte des changements importants impliquant d'autres personnes, votre décision peut être mise à l'épreuve. J'ai réalisé que décider de ne plus prendre de clients individuels était une chose, mais que refuser de voir les gens qui me téléphonaient en était une autre. J'ai souvent été tentée de faire une exception « seulement pour cette fois » et je devais constamment me remémorer mon objectif à long terme : ce jour idéal de l'avenir où les gens liraient mes livres et les apprécieraient.

Voilà pourquoi il est si important d'avoir une image bien précise et détaillée de la façon dont vous envisagez de passer vos journées d'ici trois à cinq ans. Lorsque vous sentez que vous hésitez à respecter votre décision, souvenez-vous de votre journée idéale. Cela vous aidera.

Mettre fin à une relation

Il arrive parfois que cette journée d'avenir idéale vous révèle que vous souhaitez mettre fin à une relation. Patrick (que vous n'avez pas encore rencontré) a réalisé que son rêve n'incluait pas sa femme. Comme plusieurs couples, ils demeuraient ensemble à cause des enfants, et il avait toujours tenté de nier le fait qu'il voulait partir depuis des années. Il dirige une entreprise qui fonctionne très bien, habite près de chez ses parents à qui il rend visite fréquemment et il jouit d'une bonne vie sociale dans un village où il a vécu presque toute sa vie. Sa journée idéale révèle qu'il désire changer peu de choses dans sa vie et qu'il serait heureux s'il n'était pas marié à une femme qu'il n'aime pas vraiment. Patrick nous dit fermement qu'il lui est impossible de partir et qu'il doit donc trouver un moyen de concilier sa décision avec la découverte – et *c'est* une vraie découverte parce qu'il s'agissait d'un élément qu'il ne voulait pas affronter – que son mariage est la source de ses problèmes physiques et émotifs.

Il m'avait d'abord consultée parce qu'il avait commencé à souffrir d'une claustrophobie de plus en plus avancée. Sa condition était tellement débilitante qu'il ne pouvait plus voyager en voiture, en autobus ou en train, ni se trouver dans tout endroit où il était entouré de murs ou de gens. Après avoir éliminé les traumatismes de l'enfance et les autres causes possibles de sa phobie, il ne nous restait qu'une possibilité : son mariage. Son refus d'accepter le fait qu'il se sentait prisonnier d'un mariage malheureux le laissait psychologiquement confiné dans un espace sombre, clos et sans issue. Comme je l'ai mentionné à plusieurs reprises, nous avons tous tendance à vivre de façon symbolique, et l'expérience de Patrick est un exemple extrême de la façon dont la psyché se venge si nous ne faisons pas attention à ses besoins. Nous verrons comment Patrick a réglé son problème dans le prochain chapitre.

Être responsable de l'amour

À l'opposé, lorsque Estelle avait entrepris le programme de planification de vie, elle éprouvait de la colère, du ressentiment, et elle se sentait seule, inquiète que son mariage soit la source de ses difficultés. Mais comme nous l'avons vu, les exercices ont révélé que sa vie conjugale était essentiellement heureuse et qu'elle avait l'intention de faire sa part pour que sa relation demeure harmonieuse. Dans sa journée idéale, tous les éléments de sa vie étaient en équilibre et elle se voyait avoir pris les moyens nécessaires pour réaliser ses rêves.

Soyez honnête avec vous-même. Il est inutile de subir la douleur d'affronter ses démons et de réduire la pression dans sa cocotte-minute si, en fin de compte, vous refusez de faire face aux besoins importants et fondamentaux de votre psyché. Si vous devez faire des changements radicaux, n'est-il pas préférable que vous le *sachiez*? Dès lors, vous pourrez au moins faire un choix. Et même si vous n'avez pas à faire de changements radicaux et que tout ce dont vous avez besoin, c'est simplement d'un changement d'attitude et d'optique mentale, vous devez le savoir tout autant. Parfois, le fait de changer sa façon habituelle de penser peut être la tâche la plus difficile de toutes.

EXERCICE 18
Plans d'action détaillés

Faites une liste sur chacun des sujets suivants :
Souhaits que je dois transformer en plans
Ce que je dois commencer à faire maintenant
Ce que je dois cesser de faire maintenant

Encore l'argent

Le désir de Thérèse d'étudier la médecine est vraisemblablement un souhait qui requiert un *plan d'action*. Une partie de son plan implique naturellement la recherche de sources de financement pour payer sa formation. Un peu de réflexion latérale est requise ici. Il existe peut-être des bourses pour les étudiants à revenus modestes. Un organisme professionnel ou une entreprise commerciale particulière pourraient peut-être la commanditer. Il existe peut-être des subventions gouvernementales qu'elle ne connaît pas. Les gens déterminés arrivent à trouver l'argent nécessaire pour financer des projets extraordinaires – faire le tour du monde seul en voilier, traverser la grande muraille de Chine ou explorer la jungle amazonienne, par exemple –, alors une incapacité à trouver un financement peut souvent être due à un manque de courage et d'imagination.

Je me souviens d'Annabelle, une jeune femme que j'ai rencontrée il y a plusieurs années. Elle était déterminée à envoyer ses trois enfants à l'école privée, même si son mari était aux prises avec un nouveau commerce de menuiserie et qu'elle avait un revenu très modeste de musicienne. *Trois* enfants ? J'aurais pensé qu'il lui serait impossible d'en envoyer *un seul* à l'école privée dans de telles circonstances. Mais pas Annabelle. Elle était inflexible. Elle voulait que ses enfants aient la meilleure éducation possible et elle était convaincue que l'école privée était le meilleur moyen de la leur donner.

Elle se mit donc à faire des recherches approfondies sur le sujet, découvrit l'existence de bourses, de subventions et des endroits qui offraient cette option, et elle se mit à travailler d'arrache-pied pour obtenir une bourse pour chacun de ses enfants. Et elle y arriva. Je me souviens d'avoir écouté son histoire la bouche ouverte. Je dois vous avouer que j'étais légèrement sous le choc. N'agissait-elle pas là de façon cupide? Je ne lui ai pas dit, bien entendu, mais elle dut sentir ma désapprobation.

«Pourquoi pas?», me demanda-t-elle. «Pourquoi mes enfants ne devraient-ils pas avoir la meilleure éducation possible? Ces subventions et ces bourses sont disponibles, alors pourquoi mes enfants ne pourraient-ils pas en profiter?»

J'ai réalisé qu'elle avait tout à fait raison. Elle ne volait rien. Elle ne prenait aucune chose à laquelle ses enfants et elle n'avaient pas droit. Ce qu'elle a fait – et ceci devrait être une source d'inspiration pour nous tous –, c'est prendre le temps et faire l'effort de chercher ce dont *elle* avait besoin. L'important est qu'elle finit par découvrir ce que nous pourrions tous découvrir si nous avions le courage et la discipline de chercher.

Transformer les désirs en plans

Les désirs des gens varient énormément, au même titre que les plans qu'ils doivent faire. Jeanne, par exemple, voulait quitter l'université, rompre avec son copain et «faire quelque chose d'excitant ». Les deux premiers points exigeaient peut-être plus de courage et de détermination que de planification. Jeanne sourit.

« Je dois évaluer la meilleure façon de m'y prendre, car je dois m'assurer que personne ne me fera changer d'avis. Je vais probablement aviser ma mère de ma décision par téléphone lorsqu'il sera trop tard. Je sais qu'elle sera vexée, mais je dois le faire. Voilà ! »

Son groupe était quelque peu inquiet pour elle. « Mais où iras-tu ? Que feras-tu ? Tu n'as aucune compétence pour trouver du travail. » Elle se mit à rire. « Pas de problème. J'ai tout planifié. » Comme nous le constaterons dans le chapitre suivant, elle avait réellement tout planifié.

Célia ne savait pas vraiment ce qu'elle ferait dans trois ou quatre ans, mais elle disait : « Je serai sûrement indépendante. » Il devint clair pour elle que sa première idée de devenir coiffeuse n'était pas ce qu'elle souhaitait vraiment. Elle envisageait maintenant d'examiner les projets de formation gouvernementaux offerts aux jeunes mères qui avaient été mis sur pied « juste au bon moment » pour elle. « Je vais aussi m'assurer de déménager dans un meilleur environnement pour Sam. Et je vais lui chercher une garderie. Je crois qu'il a besoin d'être en contact avec d'autres enfants. »

Parmi les plans de Bernard, on retrouvait « prendre plus de temps pour relaxer et, surtout, pour faire de la voile ». « Je crois que parfois nous continuons à travailler alors notre cerveau est si fatigué qu'il ne pense plus. Moi, je n'en peux plus. Cela ne m'aide aucunement à grimper toujours plus haut. Au contraire, c'est comme courir sur un tapis roulant. »

Il avait raison, bien entendu. C'était il y a quelques années, avant que les gens comprennent qu'ils avaient besoin d'exercice et de relaxation pour pouvoir travailler de façon plus productive. C'était donc une bonne stratégie pour un bourreau de travail comme Bernard. Il avait aussi décidé de demander à sa copine de l'épouser. Il sourit en l'annonçant, convaincu de toute évidence qu'elle dirait oui. « Le graphique de ma confiance en moi est en train de remonter. »

Rose avait l'intention d'impliquer davantage ses enfants. « J'aime l'idée de faire une réunion familiale pour planifier des choses et partager les tâches. Je crois que mes enfants aimeront faire plus partie de ma vie, et je me sentirai certainement moins seule. Leur père leur manque aussi et je l'oublie parfois. »

Lynne avait déjà décidé de ce qu'elle devait changer pour faire de son avenir idéal une réalité. « Je ne crois pas que j'aurai encore des problèmes au travail, dit-elle. Je réalise que j'essayais de convaincre mon employeur que je devais être promue au bureau central, mais cela n'arrivera pas. Ce n'est plus ce que je veux. Je veux être avec ma famille. Nous avons besoin de mon revenu, mais cela ne va plus dominer toute ma vie. »

Les stratégies d'Estelle étaient déjà écrites dans son cercle heureux, comme nous l'avons vu à la fin du chapitre précédent. Dorothée, elle, a l'intention de prendre plus de temps pour elle et pour écrire. Elle veut aussi entreprendre des démarches pour trouver le genre de travail qui la rendrait heureuse. Elizabeth aussi a décidé de refuser tous les nouveaux clients pour commencer à écrire un livre. Et enfin, Thomas propose de réduire ses activités sociales et de se concentrer sur la rédaction d'un autre livre. Il semble y avoir plusieurs écrivains dans ce programme de planification de vie !

Décider quoi commencer – et quoi cesser

Dans la plupart des plans d'action que vous établirez, vous devrez déterminer ce que vous devez commencer à faire sans tarder. Tous les participants dont il est question ici avaient pris des décisions qui les obligeaient à entreprendre rapidement quelque chose de concret. Le fait de noter vos avancées et de vous assurer que vous pouvez mesurer la progression de votre plan, étape par étape, vous aidera beaucoup. Ceci est particulièrement utile au cours des premiers stades de votre démarche, surtout si vous envisagez de changer votre vie de façon radicale. Si vos changements affectent d'autres personnes, celles-ci vont inévitablement réagir. Au cours des moments tumultueux, vous devrez alors être certain que vous êtes toujours sur la bonne voie.

Dorothée, par exemple, aura de la difficulté à entreprendre des démarches pour transformer ses rêves en réalité. Elle devra commencer par annoncer clairement ses intentions à son mari, puis à sa mère. Comme je l'ai démontré dans le chapitre précédent, il n'est jamais facile de persuader ceux qui ont l'habitude que vous soyez toujours à leur rescousse que vous n'avez plus l'intention de faire ceci et cela, et qu'au contraire vous vous attendez maintenant à ce qu'ils pensent à vous. Dorothée devra aussi cesser de toujours tout faire et devra apprendre à demander de l'aide et à la recevoir. Elle devra commencer à faire l'expérience de ce dangereux mot : « non ».

Dire « non », même de façon gentille, représente un problème majeur pour plusieurs personnes que vous avez rencontrées ici. Cela peut aussi être difficile pour vous. Souvenez-vous que vous êtes une personne qui a aussi des droits, et qu'il vous incombe de les faire valoir – non pas agressivement, mais fermement. Si vous préférez vous soumettre et vous écraser, ce choix vous appartient, mais les autres ont-ils le droit de penser qu'ils peuvent abuser de vous? Faites attention au rôle de martyr. Et puis si vous ne dites jamais «non», que vaut vraiment votre «oui»? Gardez vos plans et vos rêves en tête, et ne laissez pas les demandes insensées des autres vous distraire. Continuez. Si vous vous êtes rendu jusqu'ici, c'est que vous pouvez y arriver.

Composer avec la peur, la frustration et l'échec

Apprendre à vivre la vie qui *vous* convient requiert du courage et de la détermination. La synchronicité peut se produire à des moments importants. À d'autres moments, cependant, la vie peut se retourner et vous frapper de plein fouet simplement pour vous maintenir en alerte et mettre vos résolutions à l'épreuve. Vos proches trouveront peut-être d'ingénieux moyens de vous frustrer, le climat économique mondial sera peut-être chaotique, des désastres naturels s'abattront… Votre courage sera mis à l'épreuve de bien des façons. Nous sommes très chanceux de vivre dans le monde occidental car nous devons rarement nous préoccuper de survivre. Mais même ici, la vie peut avoir son lot de difficultés. Et quiconque vous promettrait une vie facile à partir de maintenant vous mentirait.

La peur est le plus grand danger qui vous guette lorsque vous essayez de transformer votre vie. La peur est naturelle et utile lorsqu'elle vous persuade de faire attention et de bien regarder avant de sauter. Cependant, la peur peut aussi vous paralyser et vous maintenir dans une bonne vieille routine plus ou moins confortable. Alors combattez cette peur et avancez malgré elle.

La peur peut aussi être euphorisante si vous la laissez agir. Toutes ces hormones qui se précipitent dans votre système sanguin peuvent vous conduire à des réalisations remarquables. Chaque fois que vous ferez un pas en avant, vous vous sentirez très excité. Le fait de surmonter votre peur et d'utiliser l'émotion pour vous stimuler peut vous procurer beaucoup de plaisir. Cela peut aussi vous aider à découvrir que votre potentiel est beaucoup plus grand que vous ne l'imaginiez.

Lorsque la peur de l'échec vous tenaille, prenez le temps de vous remémorer vos habiletés et vos qualités et profitez de vos forces intérieures. Puis, levez-vous et saisissez ces deux démons que sont la peur et l'échec. Soyez prêt à faire ce que vous devez pour conserver vos rêves. Serrez les dents et croyez en vous. Vous gagnerez.

EXERCICE 19
Apprendre à relaxer et à méditer

La méditation et la relaxation sont des ressources importantes pour quiconque souhaite cesser de rêver et commencer à vivre. Vous pouvez les utiliser chaque jour.

La relaxation

La capacité de pouvoir relâcher tous vos muscles sur commande est très utile lorsque vous êtes aux prises avec des situations difficiles, car le corps et l'esprit fonctionnent toujours ensemble. Je vous recommande de faire l'apprentissage de cette technique avec l'aide d'un instructeur. La technique est néanmoins très simple, elle ne requiert que de l'entraînement. Commencez dès maintenant, car vous n'en percevrez les bienfaits qu'au bout de plusieurs semaines ou mois. Cela en vaut vraiment la peine.

Le meilleur moyen de relaxer complètement est de vous allonger sur un tapis ou sur une couverture assez épaisse et de placer un livre d'environ deux ou trois centimètres d'épaisseur sous votre tête. Je sais que cela peut paraître inconfortable, mais il s'agit de la meilleure position pour relâcher *tous* vos muscles. Assurez-vous d'avoir chaud, de porter des vêtements amples et confortables et de ne pas avoir de chaussures. Bougez votre corps en restant au sol jusqu'à ce que vous commenciez à vous sentir relativement à l'aise puis restez allongé sans bouger. Suivez ensuite ces étapes :

1. Contractez les muscles de votre pied droit et de ces orteils. Relâchez la tension et sentez-la quitter vos orteils et votre pied. Répétez avec le pied gauche.
2. Contractez les muscles de votre mollet droit, puis relâchez. Faites de même avec le mollet gauche. Le but est de sentir la différence entre des muscles crispés et relâchés. Puis contractez les muscles de la cuisse droite et relâchez, et répétez ensuite avec la cuisse gauche. Vous devriez maintenant sentir que vos jambes sont relativement légères. Si elles ne le sont pas, répétez l'exercice.
3. Concentrez-vous maintenant sur votre estomac, vos fesses et votre abdomen. Il est facile de contracter vos muscles,

mais les relâcher totalement n'est pas toujours aussi évident. Répétez l'exercice de contracter et de relâcher doucement vos muscles jusqu'à ce que vous sentiez vraiment une différence.
4. Contractez et relâchez vos doigts et vos mains, puis vos bras.
5. Essayez de trouver les muscles de votre dos, de vos épaules et de votre abdomen, ce qui peut s'avérer plus ardu. Essayez de sentir la différence entre des muscles crispés et détendus dans chacune de ces régions.
6. Finalement, concentrez-vous sur votre cou et sur votre visage. Crispez les muscles de votre visage et relâchez-les. Laissez votre langue retomber dans le fond de votre bouche : si elle touche le palais, elle n'est pas relâchée.
7. Lorsque vous avez l'impression d'avoir fait le tour de votre corps et qu'il vous apparaît raisonnablement relaxé, répétez une nouvelle fois l'exercice pour atteindre un niveau de relaxation encore plus élevé. Sentez votre corps qui s'affaisse de plus en plus sur le plancher. Si un ou deux de vos muscles résistent, vous n'avez qu'à les contracter et les relâcher à nouveau. Continuez ensuite à découvrir comment on se sent lorsqu'on se laisse aller complètement.

Lorsque vous aurez découvert comment relaxer complètement, vous trouverez cette position allongée sur le plancher remarquablement confortable. Vous devriez rester étendu au moins cinq minutes. Lorsque vous sentirez que vous ne voulez plus bouger, c'est qu'il est temps de vous relever !

Après plusieurs semaines de pratique régulière, vous serez en mesure de relâcher vos muscles sur commande, tous ensemble. Ne perdez pas trop de temps à essayer d'accomplir cela dès le début – vous ne seriez que frustré et ne réussirez pas à maîtriser cette remarquable technique. Cet exercice devient très facile à exécuter lorsque vous finissez par le maîtriser, mais il est difficile au début. Mais tous ceux qui l'ont réussi le recommandent – et la technique peut même être utilisée sur la chaise du dentiste!

La méditation

La méditation est fondamentalement une forme de relaxation de l'esprit. Tout comme la relaxation vous permet d'enlever les tensions de votre corps, la méditation vous permet de mettre de côté les préoccupations de votre esprit. La méditation est essentiellement une forme d'autohypnose qui vous permet d'être en contrôle à tout moment, tout en laissant filer les préoccupations quotidiennes.

Il existe plusieurs moyens d'atteindre cet état paisible et agréable. Je vais décrire ici une méthode très simple que vous pourrez adapter à vos besoins:

1. Asseyez-vous confortablement dans un endroit où vous pouvez vous tenir le dos droit. Les adeptes du yoga méditent souvent assis sur le sol, les jambes croisées, mais si vous ne pratiquez pas cette gymnastique, il est préférable de vous asseoir dans un fauteuil où votre dos sera soutenu. Aucun inconfort ne doit vous distraire. Pour la même raison, vous devriez vous assurer de porter des vêtements amples, de ne pas porter de chaussures et de ne pas être dérangé.

2. Fermez vos yeux et explorez vos pensées. Elles vont voler un peu partout pour attirer votre attention. Essayez de prendre du recul et de simplement les observer. Votre objectif sera éventuellement de calmer ces pensées actives et d'apaiser un peu votre esprit – une tâche difficile pour la plupart d'entre nous qui avons l'esprit envahi par des voix tenaces. Faites attention de ne pas vous laisser embarquer dans une série de pensées cohérentes.

    Vous vous fatiguerez rapidement ou remarquerez que vous êtes incapable d'arrêter de penser à des problèmes que vous devez régler. C'est cette difficulté qu'il vous faut surmonter. Il semble que le meilleur moyen soit de n'avoir *qu'une seule pensée ou idée pour prendre la place de toutes les autres.*
3. Nous avons tous un sens préféré; le vôtre est peut-être la vue, l'ouïe, l'odorat, le toucher ou le goût. Quel qu'il soit, il devrait prendre la forme de cette pensée ou idée unique à laquelle vous devez songer.

Vous avez peut-être entendu parler des yogis qui méditent en prononçant continuellement le mot «OM». Si votre sens préféré est l'ouïe, alors le fait de répéter un mot ou une phrase vous aidera à relaxer votre esprit. Les moines bouddhistes répètent le mantra «OM MANI PADME HUM», ce qui se traduit par «le bijou dans le cœur du lotus», le son «OM» représentant le grand rugissement de l'Univers et le silence éternel de l'être pur. Avec la vraie méditation bouddhiste, la personne passe de l'écoute des mots à la signification profonde du mantra, une technique sophistiquée qui requiert plusieurs années de pratique. Vous devriez choisir un mot ou une phrase assez simple et qui vous convienne.

Vous aimerez peut-être davantage créer une image visuelle pour calmer votre esprit. Pensez à un endroit paisible – une plage tranquille au clair de lune, une clairière paisible dans la forêt ou un vert pâturage niché au sommet d'une montagne –, un endroit qui vous plait. Faites votre choix. Transportez-vous dans votre imagination à cet endroit. Remarquez tous les détails du décor – les couleurs, les formes – et restez-y dans votre esprit. Choisissez un endroit que vous pourrez revisiter avec joie chaque fois que vous méditerez.

Ceux qui privilégient l'odorat pourront faire brûler de l'encens, ce qui les aidera à alléger leur esprit de ses pensées. Concentrez-vous sur les composantes du parfum en humant l'odeur. Si votre esprit continue à parler, choisissez un mot ou une phrase que vous répéterez dans votre esprit tout en vous concentrant sur l'odeur.

Si votre sens préféré est le toucher, essayez de vous concentrer sur votre cœur. Sentez-le battre, sentez le sang parcourir vos veines et vos artères. Remarquez comment il accélère lorsque vous vous concentrez sur lui puis comment il ralentit, pompant progressivement et en cadence le sang de votre corps. Vous préférerez peut-être vous concentrer sur votre respiration, en ressentant la façon dont l'air entre dans vos narines et descend jusqu'à vos poumons. Sentez-les se dilater, pousser le diaphragme vers le bas, soulevant ainsi votre poitrine et votre abdomen, et ressentez ensuite comment ils se dégonflent, lentement, progressivement, jusqu'à ce que votre corps respire à nouveau automatiquement. Ne *provoquez* pas la respiration, laissez-là se faire d'elle-même. Soyez là lorsque l'air pénètre dans votre corps et qu'elle est libérée à nouveau.

Vous aurez peut-être à expérimenter ces différentes approches pour trouver celle qui vous convient le mieux. Mais lorsque vous aurez découvert quel sens vous procure le plus facilement une paix de l'esprit, utilisez chaque jour la méthode associée. Vous aimerez peut-être changer d'image ou l'améliorer un peu, mais ne le faites pas trop. Simplifiez-vous la tâche. Plus vous concentrerez fréquemment votre esprit sur une image simple – ou un son, une odeur, un toucher –, plus il vous sera facile de relaxer votre esprit et de vous rendre plus profondément jusqu'à cet endroit paisible où vous êtes *vous*.

La méditation devrait se faire tous les jours, surtout ceux où vous n'avez pas le temps. Souvenez-vous : *lorsque vous n'avez pas de temps libre, c'est le moment où il est le plus important de méditer*. Vingt minutes suffisent. Avec 30 minutes de plaisir et 20 minutes de relaxation quotidiennes, vous constaterez que vous aurez la force de dix personnes. Ne laissez donc pas l'horloge vous priver de ce dont vous avez le plus besoin.

La suite ?

Les exercices sont terminés. C'est maintenant à votre tour de vous servir des découvertes que vous avez faites tout au long du parcours, de les transformer en actions et de tirer profit des révélations les plus douloureuses. Gardez au centre de votre pensée une image de vous-même souriant, joyeux et heureux d'être en vie. Tout ce que vous entreprendrez à partir de maintenant doit provenir de cette image et du besoin que vous connaissez de vous maintenir au centre du cercle des plaisirs.

Ces exercices doivent être utilisés. Rappelez-vous à l'occasion vos habiletés, vos talents et vos compétences. À partir de votre liste de plaisirs, choisissez les activités qui vous donnent le goût de vivre et assurez-vous de ressentir chaque jour du plaisir. Méditez. Écoutez les voix dans votre tête et évaluez le plus souvent possible si ce qu'elles vous disent est sensé ou s'il ne s'agit que de critiques insidieuses que vous pouvez évacuer. Restez concentré sur vous et sur ce qui vous donne le goût de vivre. Ne laissez pas les autres – réels ou imaginaires – vous empêcher de réaliser vos rêves.

Agissez pour transformer ces rêves en réalité. Vous aurez peut-être besoin d'un peu de temps pour transformer votre vie – si votre rêve était de traverser l'Amérique, vous devriez l'entreprendre une étape à la fois. Alors, ayez confiance en vous. Commencez à vivre. Vous en êtes capable.

Comme vous le constaterez dans le chapitre final, d'autres ont réussi à prendre le contrôle de leur vie et à être fidèle à eux-mêmes. Ils ont découvert qu'ils avaient des forces, des habiletés et des compétences, et ils se sentent aujourd'hui bien dans leur peau.

S'ils en sont capables, alors vous l'êtes aussi.

DOUZIÈME CHAPITRE

Où sont-ils maintenant ?

Nous avons suivi un certain nombre de personnes à travers le programme de planification de vie, partageant plusieurs de leurs difficultés et de leurs rêves. Vous vous demandez peut-être s'ils ont réussi. Ont-ils cessé de rêver et ont-ils commencé à vivre ?

Je ne peux pas vous dire ce qui est arrivé à tous les participants. J'ai perdu contact avec certains d'entre eux et d'autres n'ont que pris part au programme que tout récemment. Mais voici une mise à jour de la vie de certains de ceux que vous avez croisés.

Marc

Lorsque nous l'avons rencontré, Marc était terrifié à l'idée de passer son examen d'admission. Il le réussit et obtint même une note suffisante pour s'inscrire à l'école qu'il avait choisie.

« Je me demande quelle aurait été ma note si j'avais étudié », me dit-il par la suite. Puis il se mit à rire, réalisant qu'il avait toujours prétendu « vraiment étudier », même si nous savions très bien tous les deux que ces mots étaient surtout destinés à ce que ses parents et ses professeurs lui fichent la paix.

Il me téléphona deux ans plus tard pour me donner des nouvelles et pour me remercier. Il était heureux à l'école, il avait beaucoup d'amis. « Même les professeurs m'aiment bien, enfin, la plupart. » Il avait remarqué que le fait de réaliser qu'il avait des forces et des habiletés avait complètement changé son comportement. Il a maintenant beaucoup moins de difficultés à étudier et envisage d'aller à l'université.

« J'ai décidé que je voulais étudier la psychologie, dit-il, ou la biologie marine. Une de ces deux matières. » Quel beau compliment !

Anne

Anne était une adolescente très malheureuse lorsque nous l'avons rencontrée, mais elle découvrit qu'elle n'était pas à blâmer pour tout ce qui ne fonctionnait pas dans sa vie. Et qu'elle n'était pas « née dans la malchance » – son refrain de prédilection et un des stratagèmes préférés des gens qui ne veulent pas endosser la responsabilité de leur vie. Elle aussi a découvert qu'elle avait des talents : elle est très créative et cuisine très bien. Ses résultats d'examen furent moyens, sauf en art où elle obtint un A. Deux de ses peintures furent d'ailleurs exposées dans une galerie locale. Ceci lui remonta le moral. Elle décida de prendre un cours de coiffure. Plusieurs années plus tard, elle est l'une des stylistes les plus populaires d'un grand salon de coiffure, elle est mariée et a un fils.

« Ma vie sentimentale était quelque peu chaotique pendant mon adolescence, me dit-elle. Et j'ai encore des problèmes à maintenir mon poids. Mais mon mari aime bien que je sois "caressante", comme il dit. Alors j'ai cessé de m'en soucier.»

Avait-elle l'impression que le programme de planification de vie l'avait aidée?

«Le programme m'a aidée à réaliser à quel point je me voyais comme une victime. Je détestais cela. Il fallait que je change. Et j'ai donc appris à me servir de mes forces. J'excelle dans certaines choses et j'essaie d'utiliser ces habiletés lorsque je le peux. C'est super de pouvoir m'aimer de la sorte.»

Elle a absolument raison.

Jeanne

Jeanne sortit du programme de planification de vie et courut transformer sa vie. De retour à l'université, elle alla voir son directeur et l'avisa qu'elle laissait tomber. «Le pire, me dit-elle plus tard, c'est que je fus première dans tous les examens de fin d'année, et il ne voulait pas que je parte. Mais cela ne m'a pas fait changer d'idée.»

Par la suite, elle s'organisa pour aller vivre à Londres avec une de ses copines et pour chercher du travail. Ce n'est qu'à ce moment-là qu'elle téléphona à sa mère pour la mettre au courant. «Elle était assez contrariée, mais lorsqu'elle se rendit compte qu'il était trop tard, elle me souhaita bonne chance.» En moins d'une semaine, Jeanne trouva un travail pour lequel elle n'avait aucune qualification, sauf son intelligence et sa détermination. «Je leur ai dit que j'apprendrai ce dont j'avais besoin durant mes temps libres.»

Jeanne est citée dans mon livre *War of Words: Men and Women Arguing*. Elle apparaît sous le nom de Jennifer dans le chapitre intitulé « Les femmes qui croient avoir gagné ». Cette entrevue fut réalisée environ huit ans plus tard et démontre qu'une jeune femme dans la vingtaine peut réaliser tout ce qu'elle veut si elle y met assez d'efforts. D'une jeune fille voulant faire partie du troupeau et être comme tout le monde, Jeanne est devenue une jeune femme qui a confiance en elle et qui est déterminée à garder le contrôle sur sa vie.

Que lui a apporté le programme de planification de vie ? « Il s'agissait de me faire confiance, dit-elle. Je sais que je suis intelligente, mais je ne voulais pas aller à l'université comme mes parents et mon frère. J'aime les vrais problèmes. J'adore travailler dans un bureau, j'aime être occupée et je m'entends très bien avec tous mes collègues de travail. Ils m'aiment comme je suis. Moi aussi je m'aime comme je suis, dit-elle en riant. C'est terrible, n'est-ce pas ? Mais je sais que vous comprenez. »

Oui, je comprends et je suis ravie. Il n'y a pas de plus grande réussite que de pouvoir dire sincèrement : « Je m'aime comme je suis. »

Célia

Nous avons vu Célia vaincre un démon important qui la tiraillait avec des rêves de « ce qui aurait pu être » et qui l'empêchait de vivre sa vie. Elle réalisa qu'elle n'avait pas à se laisser abattre par le fait d'avoir été abandonnée par son amant. Elle pouvait reprendre le contrôle de sa vie. Elle me téléphona six mois plus tard pour me dire que sa vie s'était transformée.

« Nous avons déménagé. C'est la première chose que je devais régler et je me sens vraiment plus heureuse. Ce n'est qu'un appartement et pas une maison, mais nous avons quand même un petit jardin où Sam peut jouer en toute sécurité. Il va maintenant régulièrement à la garderie, et il adore ça. Je crois que ça lui fait du bien de jouer avec d'autres enfants, il est moins dépendant. Et il ne pique presque plus de colères. »

Et sa vie à elle? « J'ai découvert les ordinateurs, dit-elle en riant. Je n'y aurais jamais pensé. J'ai suivi une formation gouvernementale pour apprendre les technologies de l'information et j'adore ça. Et je travaille à temps partiel. Je suis contente de pouvoir sortir de la maison et parler à d'autres gens. Vous n'avez aucune idée de la différence que cela peut faire. »

Mais je peux certainement le deviner. Et sa vie sentimentale? Elle ne m'en parla pas et je ne lui posai pas de questions. Mais quelques mois plus tard, j'entendis dire entre les branches qu'elle fréquentait un autre homme. Célia vit maintenant sa vie.

Diane

Lorsque nous avons quitté Diane, elle devait affronter un problème important : l'attitude de son mari envers son ambition de devenir artiste peintre. Elle me dit qu'il lui fallut du temps et du courage pour trouver le moyen de l'approcher. Mais elle avait déjà précipité la confrontation en décidant de prendre elle-même son talent au sérieux.

« J'ai réalisé, en regardant les exercices que j'avais faits, que je laissais toujours les besoins des autres passer avant les miens, dit-elle. Je me suis écrit une note que j'ai collée sur mon frigo : *Si tu ne prends pas ton travail au sérieux, qui le fera ?* Bien sûr, j'avais illustré le tout en me dessinant assise à mon chevalet, à côté d'une horloge indiquant que je travaillais de 9 à 5. Je savais que je devais voir ma peinture comme un travail à plein temps, même si je m'arrêtais souvent lorsque les enfants revenaient de l'école. J'avais besoin – et eux aussi – de réaliser que peindre était mon *travail*. »

Bonne décision. Mais cela signifiait aussi que les tâches domestiques – les courses, la lessive, le repassage, la cuisine, le ménage, toutes ces tâches avec lesquelles nous devons composer quelle que soit notre carrière – ne pouvaient inévitablement pas être accomplies durant la journée. Et un mari qui fait vivre sa femme s'attend à ne pas avoir aussi à s'occuper de ces tâches. (Nous savons que beaucoup d'hommes font peu de choses dans la maison, même si leur épouse travaillent à plein temps, mais ça, c'est un autre problème.) Le mari de Diane se sentait en droit de se plaindre que ses chemises n'étaient pas repassées et que l'aspirateur n'avait pas été passé.

« La vraie crise se produisit lorsque je lui dit que je ne pourrais pas aller à un petit-déjeuner que la femme de son patron organisait parce que je devais travailler. Il me dit que je le laissais tomber. Je lui dis que cela ne changerait en rien la façon dont son patron le percevait ou appréciait son travail, et que je n'avais de surcroît aucune envie d'aller donner une performance, que je m'ennuierai à mourir. De toute façon, j'étais occupée. Il me dit que c'était important pour lui. Je lui dis qu'il n'aurait jamais tenu à ce que je fasse quelque chose d'aussi banal lorsque j'enseignais. Il me répondit : "Mais c'était différent, je ne me serais pas attendu à ce que tu prennes du temps sur ton travail pour aller prendre un café. » Cela cristallisa la situation à un point tel que j'ai eu l'impression qu'il m'avait donné un coup de poing en plein visage. »

Le dénouement de l'histoire de Diane n'est pas aussi heureux que nous l'aurions souhaité. Son mari et elle essayèrent de régler leurs différends, mais il estimait qu'elle ne faisait que fantasmer sur son talent. Et elle n'arrivait pas à accepter le fait qu'il dénigrait constamment ce qui était pour elle une sérieuse ambition. Au bout du compte, ils se séparèrent et elle dut recommencer à enseigner pour subvenir aux besoins de ses enfants et garder la maison. Son mari contribue financièrement, mais pas plus que ce que requiert la loi.

Diane peint toujours, et elle a établi une routine : durant la période scolaire, elle se lève à cinq heures et peint pendant deux heures, jusqu'à ce que les enfants se lèvent pour aller à l'école. Durant les vacances, elle peint de 6 heures à 14 heures presque chaque jour et elle se réserve les après-midi ou les soirées pour être en famille. Elle expose régulièrement et vend ses toiles. Elle n'a pas encore été découverte par une grande galerie d'art ou par un critique renommé, mais elle envisage sérieusement de prendre le risque d'abandonner complètement l'enseignement pour se consacrer à plein temps à la peinture maintenant que ses enfants sont sur le point de quitter la maison.

« Je ne regrette rien, dit-elle. Je suis contente d'avoir pu voir la vérité en face. Et ce fut ce terrible exercice de la cocotte-minute qui m'a ouvert les yeux. Il est toujours préférable de faire face à la vérité que de vivre un mensonge. »

Entreprendre le programme de planification de vie requiert du courage – et vous aurez besoin de courage pour affronter ce que vous découvrirez. « Mais je n'aurais jamais pu réussir comme je le fais aujourd'hui, me dit Diane. J'aurais continué à être frustrée et en colère, et tous les gens qui m'entourent auraient été malheureux. Cela en valait la peine. Vraiment la peine. »

Irène

Irène s'était vue à la croisée des chemins. Lorsque j'ai eu de ses nouvelles plusieurs années plus tard, elle semblait avoir pris la bonne direction. Elle avait découvert qu'elle avait un penchant pour le drame et l'ironie, et aussi qu'elle voulait avoir – et devait aller chercher – plus de plaisir dans sa vie. Le programme de planification lui a fait prendre conscience de ses besoins mais l'a aussi beaucoup inquiétée, car son nouveau mari et elle devaient bientôt déménager dans un petit village. Comment pourrait-elle réaliser ces désirs là-bas ?

La synchronicité était au rendez-vous. Sans le savoir, ils avaient choisi une commune qui possédait une troupe de théâtre amateur très prospère qui accueillait les nouvelles recrues avec enthousiasme. Les talents humoristiques d'Irène devinrent rapidement très en demande. Elle m'apprit qu'un dramaturge local qui écrit régulièrement des pièces avait créé un rôle spécialement pour elle. Elle se sentait au bon endroit.

Était-elle toujours sur sa montagne russe émotive ? Elle se mit à rire. « Seulement lorsque nous montons une nouvelle production et que je suis morte de trouille. J'ai alors les nerfs à fleur de peau. Mais mon charmant mari m'apporte des fleurs et des boissons chaudes, et il ne m'importune pas. »

Et le programme de planification de vie ? « Génial, dit-elle. Je n'aurais jamais osé entreprendre une carrière de comédienne. J'aurais eu beaucoup trop peur. Nous vous remercions *tous* – mon mari, mes enfants et moi. Nous aimons beaucoup qui je suis maintenant. »

Bernard

Comme nous le savons, Bernard devait partir aux États-Unis afin d'occuper le poste auquel il avait été promu et qui le terrifiait, alors je n'ai pas beaucoup de nouvelles de lui. Il m'a toutefois écrit un mot pour me dire qu'il avait compris qu'il devait trouver un équilibre entre le travail et la relaxation et qu'il sentait sa confiance en lui augmenter. Il pensait aux exercices lorsqu'il se sentait un peu moins confiant et était reconnaissant. Enfin, sa copine avait dit oui et ils devaient se marier.

Dorothée

Dorothée n'a pris part que récemment au programme de planification de vie, mais elle commence déjà à faire des changements. Elle m'a téléphoné pour me demander des renseignements sur les cours de psychologie et de counselling. Elle croit qu'elle serait beaucoup plus heureuse dans ce genre de travail et pourrait faire usage de ses nombreux talents pour s'occuper des gens.

En ce qui concerne sa cocotte-minute, elle travaille à améliorer les choses. « Je suis moins déprimée qu'avant, dit-elle. Je me sens beaucoup mieux qu'il y a quelques mois. »

Dorothée doit faire face à une tâche ardue, mais elle semble déterminée. Nous avons vu à quel point il est difficile de persuader les membres de notre famille de nous accorder un peu de considération. Et les changements d'attitude se produisent rarement du jour au lendemain.

Quelques semaines après son coup de fil, elle m'écrivit : « J'ai commencé un cours de compétences de base en counselling que je trouve très intéressant, alors pour le moment je me concentre sur cela avant de décider de la prochaine étape. » Très raisonnable. Les changements de vie importants doivent être pris au sérieux.

Estelle

Estelle avait elle aussi entrepris le programme de panification de vie assez récemment, mais elle m'apprit par téléphone qu'elle avait déjà commencé à mettre ses plans à exécution. Tous ses plans. Elle possède maintenant un ordinateur et écrit un livre, un genre de guide pour les parents. Elle semblait heureuse et en contrôle.

« Ma vie est transformée, m'a-t-elle dit. Lorsque j'ai réalisé que je pouvais me débarrasser de tous les débris de mon enfance, je me suis sentie libérée. Comme si j'avais enfin le droit de vivre comme je l'entends. Nous devrions tous faire ces exercices. Je sais que je peux réussir. Je le peux vraiment. Et je n'ai même plus besoin de nettoyer la maison avant de commercer à travailler le matin. Vous ne pouvez pas savoir à quel point cela est libérateur pour moi. Je me sens merveilleusement bien. »

Patrick

Patrick s'est acheté un chien pour avoir de la compagnie et une bonne raison de faire de longues promenades. Je lui ai enseigné les techniques de méditation et de relaxation et, chaque matin, il passait une demi-heure dans les bois avec son chien à méditer, calmer sa psyché et écouter ses besoins. Nous nous sommes croisés par hasard trois ans plus tard, et il m'apprit qu'il avait « fait le grand saut » et avait quitté la maison. Il habite toujours le même village et voit ses enfants presque tous les jours. Il est heureux et eux aussi.

« Le travail que j'ai entrepris avec vous fut la meilleure chose que j'aie jamais faite, dit-il. Je dis maintenant à tout le monde que la relaxation et la méditation m'ont sauvé la vie. Je ne voulais pas que les gens sachent que j'avais consulté un psychologue, mais maintenant cela ne me préoccupe plus du tout. Tous les gens de mon entourage peuvent constater à quel point je me sens mieux maintenant. »

Patrick avait effectué les exercices du programme de planification de vie en session individuelle et il était extrêmement inquiet à l'idée que quelqu'un apprenne qu'il me consultait. Durant presque trois ans, il fut incapable d'accepter le fait qu'il était descendu si bas qu'il lui avait fallu consulter un *psychologue* – un médecin aurait été acceptable, mais un psychologue, quelle honte ! Puis, osant être honnête – d'abord avec lui-même et ensuite avec sa femme et sa famille –, il réalisa qu'il n'y avait rien de honteux à admettre que l'on traverse une période difficile et qu'il est même sensé et intelligent d'être capable de reconnaître que l'on a besoin d'aide. Il trouva finalement le courage de faire les changements qui s'imposaient pour se permettre de cesser de rêver et commencer à vivre.

À votre tour maintenant. Serez-vous un autre exemple de réussite ou êtes-vous encore en train de vous demander si le jeu en vaut la chandelle ? Tous ces gens démontrent que si vous commencez à réfléchir à vos problèmes de façon différente, vous pouvez prendre le contrôle de votre vie. Vous pouvez vaincre les démons cachés en vous, affronter vos peurs et vous échapper de la pression exercée par la cocotte-minute. Cela requiert bien entendu du temps et des efforts, mais vous pouvez vous aussi cesser de rêver et commencer à vivre.

Table des matières

1 L'objectif de ce livre — 9
Savoir comment choisir — 13
Comment j'ai conçu ce programme — 14
Mettre l'emphase sur vous — 17
Synchronicité — 18

2 Comment utiliser ce livre — 21
Un avertissement! — 22
Présentation des participants — 25

3 Rencontre avec vous-même — 31
Exercice 1 Qui êtes-vous? — 33
Exercice 2 Faire votre autoportrait — 35
    Aimez-vous la personne que vous êtes? — 35
    L'importance de ces aspects — 37
    Découvrir les messages cachés — 38
    Vos peurs sont-elles clairement définies? — 39
Exercice 3 À la recherche de la transformation — 41
    Manque d'affirmation de soi — 41
    Perdre patience — 42
    Prendre en charge — 42
    Vouloir s'améliorer — 44
    Inquiétude et peur — 44
    Culpabilité — 46

Exercice 4 Reconnaître vos qualités	47
Exercice 5 Imaginer une île déserte…	49
Exercice 6 Un premier coup d'œil rapide sur vos rêves	51

4 Affronter vos démons intérieurs — 55

Exercice 7 Contrariétés, pestes et harcèlements — 57
    Une grande préoccupation — 57
    Double contrainte — 58
    Votre âge fait-il une différence ? — 59

Exercice 8 Le cercle des voix démoniaques — 61
    La peur de l'échec — 66
    Problèmes amoureux — 67
    Les héritages non voulus de l'enfance — 69
    Affronter votre ombre — 72
    Le problème des futilités — 75
    Ambitions non réalisées — 76

5 Le principe du plaisir — 81

Exercice 9 Une question de plaisir — 81
    Éprouvez-vous des difficultés ? — 84
    Le plaisir : la clé de la santé mentale — 87

6 Dessiner votre vie — 89

Exercice 10 Faire des dessins — 89
    La vie en ligne du temps — 90
    La vie en graphique — 93
    Trouver votre paysage intérieur — 94
    La vie en bande dessinée — 95
    Le temps qui s'arrête — 96

Faire un portrait	98
Trouver le sens	100
Où sont les démons ?	102

7 Découvrir vos pouvoirs personnels — 105
Exercice 11 Identifier vos forces — 105

Êtes-vous un piquet carré ou rond ?	106
Les types raisonnement et sentiment	107
Les types perception et intuition	111
La créativité	115
Extraversion et introversion	120
Les types planification et émergence	122
Trouver votre type de personnalité	124

Exercice 12 Talents négligés — 133

Comment ces exercices s'adaptent les uns aux autres — 134

8 Une fenêtre sur l'avenir — 137
Exercice 13 L'avenir de vos rêves — 137

Créer une vision positive	138
Le pouvoir de l'image positive	139
Votre rêve dépend-il de vous ?	139
Faites-vous semblant ?	141
Ne vous contentez pas du deuxième	143
Créer votre vision en premier	145

9 À l'intérieur de la cocotte-minute — 149
Exercice 14 Les obstacles de votre vie — 150

Les pressions qui changent de forme	150
Nettoyer les étables d'Égée	152

Exercice 15 À l'intérieur de la cocotte-minute — 153
   À quoi sert cet exercice? — 154
   Se débarrasser des décombres de l'enfance (1) — 156
   Se débarrasser des décombres de l'enfance (2) — 159
   Dénoncer vos vrais problèmes — 161
   Comment alléger le fardeau — 164
   L'amour restaurateur — 167
   Être vrai envers vous-même — 169
   Reconnaître les faits désagréables — 172

10 Vous placer au centre de la scène — 177
Exercice 16 Assembler le tout — 177
   La psychologie de la croyance en soi — 181
   Vous avez le choix — 185
   Composer avec les personnes exigeantes — 186
   Attention à l'orgueil de l'humilité — 191
   Trouver un équilibre — 192
   Laisser votre propre lumière briller — 195
   La psychologie de l'amour — 198
   Maintenir son équilibre — 200

11 Transformer ses rêves en réalité — 203
Exercice 17 Regarder vers l'avenir — 203
   Transformations simples — 204
   Changements radicaux — 206
   Mettre fin à une relation — 206
   Être responsable de l'amour — 208

Exercice 18 Plans d'action détaillés	209
Encore l'argent	209
Transformer les désirs en plans	210
Décider quoi commencer – et quoi cesser	213
Composer avec la peur, la frustration et l'échec	214
Exercice 19 Apprendre à relaxer et à méditer	215
La relaxation	215
La méditation	218

12 Où sont-ils maintenant ?   223

Marc	223
Anne	224
Jeanne	225
Célia	226
Diane	227
Irène	230
Bernard	231
Dorothée	231
Estelle	232
Patrick	233

La méthode révolutionnaire d'**Elizabeth Mapstone** utilise des techniques de psychothérapie et permet à chaque individu d'affronter directement, et en toute sécurité, tous les démons qui l'empêchent de vivre sa vie au maximum.

Ce programme comprend des techniques empruntées et adaptées de nouvelles thérapies comme la « thérapie vocale », la thérapie cognitive, la « thérapie de l'humeur » de Beck et la thérapie rogérienne « centrée sur le client ». Il utilise également plusieurs notions de psychologie expérimentale.

Il est possible de contacter le Dr Mapstone par courrier électronique via son site Internet à www.elizabethmapstone.com.